Bari Kalahan
CRNA KRALJICA
I DRUGE PRIČE

REČ I MISAO
KNJIGA 442

Prevela
JELENA STAKIĆ

Urednik
JOVICA AĆIN

BARI KALAHAN

CRNA KRALJICA
I DRUGE PRIČE

IZDAVAČKO PREDUZEĆE „RAD“

BEOGRAD

IZVORNIK

Barry Callaghan
THE BLACK QUEEN STORIES
Leser & Orpen Dennys, Toronto
& Barry Callaghan, 1982.

Drugoga dana brod doplovi blizu, bliže, i konačno me
prihvati. Beše to Rejčel, na svom lutalačkom krstarenju,
koja je u ponovljenom traganju za svojom izgubljenom
decom našla samo još jedno siroče.

Herman Melvil

Jedino istinsko ludilo jeste usamljenost,
jednolični glas u lobanji
koji nikad ne prestaje
jer ga nikad niko ne čuje.

Džon Montegju

Dok sedim ovde hiljadu milja od nigdine
Ljudi, tek što s' uma nisam sišo,
Naći ću sebi dobru žensku
Makar bila glupa, gluva, sakata ili slepa.

Badi Gaj

KROU DŽEJN PEVA BLUZ

Krou Džejn, nekad pevačica po noćnim klubovima u kraju, koračala je avenijom Spadajna zarivši ruke u džepove. Na reverima i manžetama njene džins-jakne svetlucale su hromirane nitne. Bližila se ponoć, ali to nije smetalo petorici krivonogih dečaka da improvizuju bejzbol na pločniku ispred kabarea „Srebrni dolar", a preko puta, u kapiji pored „Ručka kod mladoga meseca", neke doseljenice, čistačice verovatno, okupile su se oko zavičajnih novina. Njihov srdačni smeh zaseče usamljenost koja je Krou Džejn tištala cele sedmice, usamljenost zbog koje je imala tupi osećaj da je nešto izgubila, ali nije znala šta, i zato je švrljala oko svojih negdanjih svratišta, zavirujući u kabaree iz starih dana, probijajući se kroz okasnele uličarke koje su stajale između parkiranih automobila, nasred ulice, i na tren joj bi dobro, vide sebe od pre mnogo godina kako polagano šparta ulicom znajući gde je šta, tamo gore švercer što je držao lepe kineske bliznakinje, kurve koje su svake noći o ponoći izvodile šou, a dalje u ulici Agasta, iza tezgi s voćem, nalazio se Lemčops, poljski Jevrejin, džin trostruka podvaljka koji je iznajmljivao sebe noćnim klubovima kao gorilu. No utom, spazivši ispred radnje sa šeširima neku visoku belu devojku gde, ugledavši svoj odraz u staklu, zadovoljno namešta kosu, Krou Džejn se zgrbi i obori glavu, naglo se sneveselivši. Kad je ponovo digla pogled, devojke više nije bilo.

Prazan autobus odlepi se od ivičnjaka a ona se okrete i ponovo pođe ulicom i ode u kabare „Srebrni dolar" na čijem se podijumu upravo nalazila neka Crnkinja u prslučetu od srebrnih šljokica. Krou Džejn sede u zamračeni ugao i poče crtati krugove po površini stola ovlaženoj od ledenohladnih pivskih boca, i dok je ona tako sedela i slušala, pevačica je zbog raznobojnih rotacionih svetala izgledala kao umnožena u više žena, i sve su lebdele u pljusku svetlosti, a Krou Džejn pomisli, svetla je, svetlija od mene, kladim se da je neki okretan trgovački putnik uvalio njenoj mami stari crnobeli TV da bi video njene crne dojke, a ova ovde je kći tog starog crnobelog TV, peva zabačene glave, sklopljenih očiju, i budi uspomene u Krou Džejn, uspomene na onu davnu noć kad je na sebi imala prljavo-ružičastu košulju i popela se bila na drugi sprat u ulici Kolidž, u malu plesnu dvoranu na čijim su vratima ulaznice poništavale dve krupne babe nadute od loše hrane i s trakama za skupljanje znoja na čelu. Igrala je s dugonogom, uskobokom belom devojkom po imenu Ivlin, i u lelujavoj svetlosti bela joj devojka reče, kad su otišle kući i Krou Džejn joj pevala jecavim šapatom baš kao i ova devojka što peva tu u kabareu. I da, rekla je, u lelujavoj svetlosti volim da se diram, da diram tebe, skoro deset godina prošlo je otada, ležala je na leđima u belim čaršavima na starinskom krevetu, bradavice joj bile male, ružičastomrke bradavice belkinje, a tvoje su kao šljiva, rekla je, ležući svake noći na taj krevet, nogu razmaknutih kao jadac i, Bejbi, rekoh, imam i ja nešto slatko 'oću da kažem u moje vreme i ja sam pevala tu pesmu, ležala sam na krevetu a zastori navučeni, samo se stiskamo jedna uz drugu, a ti se sad natakla na visoke štikle pa mi se vrckajući dupetom ušunjavaš u život, al' ja se sad palim na sunce, a pevačica na podijumu beše izdvojena svetlošću malog reflektora, samo njeno lice, crno lice na belome mesecu što je na tren zalebdeo u bučnoj odaji. Samo što sunca nema baš uvek, jer jednom davno desilo se da sam bila s tobom, mala moja slađana, pa nam nije bilo druge nego da dolazimo kući na prazan kupus, i zato svake bogovetne noći sve do danas pevam pesmu kako si ti bila moja ljubav što mi je donela trešnju bez koštice, jer po košticama i kupusu najviše pamtim svoje stare ofucane traljave dane kad sam bila šaškasti mali curetak i vozila tricikl kroz dugački hodnik, ćorsokak, čoveče, rano sam naučila da se naglo okrenem kad stignem do kraja, zato i vidim tako oštro tu reflektorom obasjanu devojku u srebrnim šljokicama, izgleda kao ja na svim mestima na kojima sam već bila i sa kojih sam se vratila, jer vidiš, čak i u glavi imam hodnike, 'oću da kažem ponekad se zavalim pevajući neku pesmu ili legnem s nekom ženom, sve s dobrim ženama od ovoga sveta, ili gutam pilule, a te pilule izgledaju kao limunžute kugle što se kotrljaju po mojoj glavi, a ponekad, kad se utronjam, kad neki krele krene na mene a kita mu viri iz očiju, ja samo sedim i pričam onako tepajući, kao što smo Ivlin i ja pričale, pripijene jedna uz drugu i posmatrajući se u ogledalu, umele smo da stavimo ogledalo na krevet, ta tvoja plava kosa na mom ramenu, a o' to doba mi je dopado samo kupus, ič kraljovi, a stigla sam samo do kraja dugačkog hodnika, na onaj tricikl što je na upravljač imo zvono koje nije radilo, samo je zujalo frz, frz, kao stari tatin Ronson upaljač bez kremena, stanični hodnici smo ih zvali, al' to danas niko više ne zna jer više niko i ne putuje vozom, a ja zato i volim zvuk svirale, usne harmonike kako ti kažeš, bele reči za crne ptice, samotni vozovi i bol, to je bio moj tajče jer u ono doba jedan jedincati poso što je Crnac mogo da ugrabi bio je poso konduktera u spavaća kola što je moj tajče i bio jedno vreme dok ga nije smlavila nesanica, kliketi-klak u glavi, govorio je, a mislim da mu je sve vreme bilo upaljeno svetlo, stavljao je parice na oči kad bi pošo da spava i govorio ma nisam umreo, svetlo' se ne gasi, i Krou Džejn, dok je slušala glas na podijumu male sale kabarea, toliko navreše sećanja na nju samu da odluči da porazgovara s mladom pevačicom, nameravajući da je časti pićem, podrži joj malčice ruku kao što je samoj sebi držala ruku, te nažvrlja pisamce pozivajući je za sto. Krou Džejn ga dade konobaru. Pevačica pročita pisamce i slegnuvši ramenima švićnu ga iza klavira. Pa i ovo je kupus, vrtelo se Krou Džejn u glavi, kuvane glavice kupusa, seckane, smrdljivi da smrdljiviji biti ne mogu, svi ti na kupus

9

smrdeći dugački hodnici sveta s odrpanom decom na triciklima što prave frz, frz na kraju ćorsokaka kod prljavih prozora koji gledaju na stražnje uličice i nigde drugde, bedno brašnjavo bitisanje, čoveče, kao Tajče kad je pio viski da bi držo oči stalno otvorene, iskočile mu iz glavudže pre no što je umro, tražeći pogledom u ogledalcu ono čega nema, jedino on sam koji vazda sedi u popodnevnom vozu s kosom na silu ispravljenom, gleda me i veli, Slađana, Crnac radi i stoji pozadi, a kad si mrk ne moraš u trk, al' ko je beo taj je prav i ceo, i kiselo se smeje samom sebi, a meni se ponekad, kad sam bila s onom belom devojkom, činilo da je pravo govorio, jer kad bi ona legla na stranu a bedro joj bilo obasjano svetlošću, znala sam da je ona prava i cela a ja nisam jer sam je volela a u ono vreme crno nije bilo lepo, bejbi, od raja za crnčuge ni traga, nego samo moj stari tajče što džonja i na krčavom radiju sluša *Salt Pork Blues*, ispod kape od čarape ispravlja kosu lužinom, i čak i tada, kad sam bila samo mali curetak, ni puni' deset, s'vatala sam da odras'o čovek koji sedi s ružno smotanom ženskom čarapom, kao prstenom hirurške gumene cevi na glavi, izgleda uvmuto dok nastoji da se upicani za zemlju de ti dušu cede na pamuk, arktičke sile, belina je bila ono za čim je on tragao te su mu oči načisto pobelele, od pića i on je napustio mene, malu devojčicu, na čistoj vetrometini onoga dana kad je umro, spustio se kao svetlost što se diže, uvek se svetla dižu, i ona devojka tamo gore što tako lepo peva, *S one strane grada imam dragog koji je dobar sa mnom*, a potom ona siđe i uze za ruku vitkog mladog Crnca s pletenom vunenom kapom, koji se šepurio sa štapom sa srebrnom drškom i nosio na sebi majicu na kojoj je pisalo SNAGA PIKA. Krou Džejn se to svidelo. Prva liga, prva liga, te se nasmejala, poželevši da ih upozna, ali bio je fajront i ljudi su ustajali i izlazili u grupicama, te se Krou Džejn učini da joj svekolika prošlost curi iz glave ostavljajući je samu za stolom u uglu, da zuri u rapavu, crno obojenu tavanicu s cevima za vodu i grejanje izloženim svetlosti. A onomad jednom ne znam zašto moju, ali stavili su moju sliku u novine, veliku, faca u krupnom planu, pevam na nekom festivalu tamo na ostrvu, i meni bilo milo pa rekoh, Tajče, možda si mrtav i tamo dole, ali eto mene ovde, tu sam, sevam ko munja preko cele strane da svi vidu ko sam jer ja jesam, Krou Džejn je otpevala pesmu, gotovo je s frz, frz, pa sam uzela isečak iz novina i rekla sebi, Ivlin, gde god da se kriješ u ovom starom gradu sa svoje šestoro dečice il' već kol'ko ih imaš, pravo u oko te gledam, veliko, i kraljica sam tamnoga grada i možda mi i nije lako ali se ipak šepurim, pa poželeh veću sliku i isekoh svoju glavu iz novina i odnesoh je u tamo jednu radnju za povećanje slika pa rekoh, čoveče, da mi ovo uvećaš za ramljenje, pa da se okačim iznad uzglavlja, metar s metar i po rekoh, a on sleže ramenima a kad sam došla po sliku, eto mene, kaširane na karton, a nigde sebe da vidim, celo mi se lice pretvorilo u velike, ogromne sive i tamne tačke pa rekoh gde ja to nestado', čoveče, uopšte sebe ne vidim, a on veli tako ti je to kad uvećaš svoju sliku iz nekih novina, rastočiš se u tačke, čoveče, jer kad izbliza pogledaš to si od samog početka i bio, i tako, jedino mi je preostalo d' idem kući, a i dalje je želela da uzme pevačicu za ruku i prinese ruku svom obrazu, znoj i parfem na ženinom vratu, i da se zagleda u oči te druge žene kao da gleda u ogledalo, no kad je Krou Džejn prolazila, lagano, kao da na ogledalu nije bilo srebra, ničeg, a pevačica je gledala pravo kroz nju, ostavljajući Krou Džejn samu na ulazu pred uličnom pomrčinom i hladnim ranojutanjim vazduhom. Ona krete avenijom Spadajna. Kraj nje protutnja veliki kamion s mlekom. Ona prođe ispred zatvorenog restorana u kojem je neki trbonja, sam-samcit, prao pod, noseći na sebi rupičastu potkošulju i iscepane pantalone, i tip joj mahnu a kad je ona prezrivo slegnula ramenima, dobaci joj psovku kroz staklo. S jezera se dovukla magla i Krou Džejn je čula bat sopstvenih koraka u pustoj ulici.

STRAHOVITO NEZADOVOLJSTVO

Kad je stigla kući, najpre je zagnjurila ruke u fioku punu starog čipkanog donjeg rublja i odložila ukosnice u plavu porcelansku činijicu koju je dobila u školi kao nagradu za govorništvo, a onda se popela na krevet i pogledala svoje noge u ogledalu na toaletnom stočiću. Muškarci su uvek govorili da ima dobre noge, i ona se smeškala, ali kad je kasnije sama stajala na ulici ispred nekog izloga, u staklu je ugledala jedino svoje bledo lice, a sav život u ulici Luger sveo se bio na jednog propovednika koji je, spustivši se na sve četiri, krnjetkom krede ispisivao sveto pismo po pločniku, i ona pomisli da joj muškarci doista nedostaju, jedino što sad svi izgledaju kao njen brat, usukan, neuhranjen, i pliva u preširokom šlampavom sakou i pantalonama, dvadesetogodišnjak a izgubljen u svom poštarskom odelu od sivoga serža sa crvenim lampasima.

Najprijatnije joj je bilo dok bi sama šetala začudo pustim i širokim ulicama, a potom sokacima između kuća i bašti iza njih. Ovaj avgust beše suv, i po svim baštama paradajz je bio sitan poput crvenkastih šljiva, brazde od točkova u uličici krunile su se u belu prašinu, a sunce je pržilo sasušene šibljike i puzavice. Neko je zapalio smeće i iz oblaka dima prhnu vrana, i slete iza nje na visoku granu srebrne breze. Ona dohvati jedan pljosnati kamen i hitnu ga put vrane, kamen načini proseku kroz sasušeno lišće a ptica zagrakta kao da se grubo smeje, no njoj nije smetao krik ptice: nije volela ljudi kad se smeju, kad joj se cere iza leđa, te odmahnu glavom, zaleluja kosom dugačkom i raspuštenom, nasmeja se, i sama iznenađena kako se glasno smeje, a ptica odlete i ona pomisli ode poslednji smeh, ta crna krila.

Nasloni se na staru, o jednu šarku okačenu kapiju s rešetkama baštenske ograde, i Sajmon beše tamo, u senci žalosne breze koju je njihov otac posadio one godine kad se Sajmon rodio. Jednoga leta, dok je još bila srednjoškolka, otac je cele sedmice presedeo pod tim drvetom deljući i rezbareći frule, a onda rekao, Nema nikakve svrhe, bar ne onakve za kakvu većina ljudi misli da je neka, a nedugo zatim stigoše neki papiri u mrkom omotu, i malo kasnije neki mršavko s avijatičarskim naočarima koji mu protrese ruku kraj stare kapije s rešetkama, smejući se licememo dok je govorio. Najlepše je što vi stari vojnici nikad ne umirete ma koliko ostareli, a poslednje što je čula beše da je negde blizu ekvatora, poginuo verovatno, jer primila je bila žutu dopisnicu s poštanskim žigom Librevila na kojoj je pisalo da je *Nestao u akciji*, što je, po njenom mišljenju, bio smešan način da se javi kako neki čovek leži negde potpuno nepomičan, i dok je zurila u Sajmona zapanji se što ovaj ima teške očeve očne kapke, i pljosnate iskošene jagodice, i što vazdan oblizuje tanke usne sa smeškom koji bi mogao biti stidljiv, ali je zapravo bio tajanstven, lukav, što joj se i dopadalo kod njega, način na koji je pogrbljen išao ulicom teško vukući noge, onako koščat i mlad, a on je iznenadi stavivši ruku na njeno rame, pa reče da baba besni na nju što se nije na vreme vratila da joj spremi ručak, i kako je rekla za nju da je zabušantkinja za kojom se, kao za svakom ništarijom, uvek dovlači nevolja, a kad je Koleta uzvratila kako tek što nije. Evo, smesta, i načinila mali, podsmešljivi pokret, gegajući se poput navijene lutke, on reče da se baba drala i lupala štapom zato što je Koleta otišla da se smuca po putu, što ova i potvrdi, samo što se nije smucala nego se pitala zašto je jednom pomislila kako je njena zvezda pala s neba, te se nasmejala.

Premda slepa, starica je uvek delila kad bi uveče za kuhinjskim stolom igrali karte, i još od kako je Koleta bila mala govorila, Baka ima pravo i to ne zaboravljajte, a kad su bili deca starica joj je uvek, iako Koleta nije znala kako, uvaljivala crnu kraljicu, kao da je to smatrala nekim belegom, a sad je ponovo žvanjkala i durila se tražeći da igraju kao nekad, a kad je Koleta rekla Ne, baba je trupkala nogama, visoka i sasvim slepa, osamdeset i druga joj, i, naslanjajući se na štap od crnoga gloga, streljala je pogledom svojih širom otvorenih očiju boje pljuvačke, ili ikre.

Koleta je mrzela pticu koju je starica godinama držala uza se na uzici, biser-pevca, blistavog, niklenosivog perja i crvene kreste koja bi se lelujala dok bi on visoko nabadao ispred babe, koja bi mu dobacivala šaku žita i dovikivala Koleti, Ne valjaš ni za šta, te bi odtrupkala uz stepenice, a biser-pevac bi mirovao pored nje dok bi se baškarila u staroj stolici za ljuljanje. Koleta ostade napolju, u vrtu punom besnika, bulki i krinova, zagledana u komadić bombon-papira i jednu staru najlon-čarapu koju je vetar naneo na žičanu ogradu, i uvek se pitala kako to žene uspevaju da izgube jednu čarapu u uličici, posebno danas, kad nose hulahopke, a možda je to bila žena s drvenom nogom, pomisli i nasmeja se. Pa zar to ne bi bio prizor i po, reče glasno a baba se ispravi, sede uspravno, osluškujući, no Koleta ne reče više ništa, uživajući u tišini, u iznenadnom babinom iščekivanju, i onda pogleda gore – Sajmon je stajao s nosom uz stražnji prozor, posmatrajući, i Koleta odjednom više nije bila sasvim sigurna zašto je došla kući toj gvozdenokosoj starici koja je oduvek bila jetka zato što je Koletina majka umrla rađajući Koletu, na kuhinjskom stolu, pravo babi u ruke.

Baba doviknu, Spremi ručak, odmah, ako nisi zaboravila kako, i Koleta izgazi bulke, raspršti im latice, dok se Sajmon smeškao gore na prozoru, a na verandi ispod njega baba milovala pevca po vratu. Koleta nahrani babu belim hlebom s buterom, supom od žutoga graška i jajima barenim bez ljuske. Sunce je sijalo ceo dan. Kiše nije bilo i ona tu noć preleža na postelji, ruku prekrštenih iznad glave, vetrić je nadimao zavese a svež noćni vazduh doneo joj, prvi put posle dužeg vremena, spokoj i lagodnost, jedino se čegrtavo babino hrkanje čulo u kući toliko tihoj da ona uhvati sebe kako osluškuje pucketanje greda. Zavese su se dizale i spuštale kao kakvo lomno, gotovo beživotno telo što uzdiše, i ona oseti žudnju ne samo za muškarcem, jer muškarac bi je grlio ali na način za koji je predosećala da bi bio prejak i neznalački, a kako muškarac i da zna kad je i samoj sebi jedva mogla da kaže kako želi da oseti proboj kroz slabine ali bez bola, da bude dotaknuta lagano i podignuta kao one zavese, uzdignute u zrak kao da nose nešto živo, te se upita želi li dete ili možda detinjstvo, ponovo, jedino što nikad nije želela da ponovo bude devojčica. Veoma je malo bilo blagosti, veoma malo detinjeg u njenom životu, uvek pod koščatom babinom šapom, kao da je ona ubila svoju majku time što se rodila, a njenog oca što se tiče, sve dok nije otišao držao se kao da blagost nije vredna ni prebijene pare, pare poput onih starih bakrenjaka što ih je spljoštila kad ih je stavila na železničke šine, šine su bile dva bloka dalje, sad su van upotrebe, spojnice su obrasle korovom i šipražjem, ali kao devojčica je stavljala uho na šine osluškujući nešto iz daljine, a onoga dana kad su joj rekli da je otac otišao zaputila se starim tračnicama, legla, plakala i slušala kao da bi ga negde mogla čuti, dok je starica jedva i primećivala da je otišao, tvrda i zaključana u sebe, a ona je oduvek imala tvrde nokte, i kao beba, zarivala ih je u posteljinu, nokte boje donjeg dela oklopa kornjače koju je jednom videla u bazenu u staklenoj bašti Alenovog parka za koji je mislila da je najdivnije mesto u gradu da se čovek usami, daleko od hladnih i suvih prstiju staričinih.

Jedne noći pre mnogo godina, obuzeta nekom iznenadnom potrebom, baba uze Koletinu glavu s pletenicama u svoje konopcu slične ruke i Koleta pogleda naviše i vide opuštene sive nabore kože kako mlohavo vise sa staričinog vrata, glavu uzdigla kao ptica, a staračke joj kosti oštre i prosijavaju kroz mlitavo meso, ali, osim u trenucima tišine kao tad, baba je korila Koletu i Sajmona kog je vazdan mazila a potom ga odbacivala s izvesnim prezirom, baš kao i njihov otac, čija ramena behu veoma povijena i koji beše mrzovoljan, i ohol, a uvek odeven u blatnomrko odelo, tokom zime je umeo da greje bose noge pred električnim kaminom u dnevnoj sobi. Gledao ih je sve s uzdržanom sumnjičavošću.

Jednom je Koleta čula oca gde govori starici, kao da je hoće razgaliti, kako u tome što mu je žena umrla na porođaju postoji neko nevidljivo značenje, kako smrt ne može ništa ne značiti, a možda je ceo štos, reče, u tome da se otkrije šta ti je to smrt rekla da učiniš sa svojim životom, i bilo kako bilo on hoće da baba zna da njegova žena zauvek ostaje njegova žena, a ironija, mislila je Koleta, beše u tome što je uvek izgledalo kao da je obuzet njuškanjem okolo, umetnički stolar koji je voleo vlažni dodir oguljenog drveta, kao püt sjajnog, a završio tako što je pravio inkrustirane kutije za nakit, na tuce, slagao ih po kući, prazne, i u šali ih nazivao svojim mrtvačkim kovčežićima, a kad je Koleta pitala čemu, čemu to njuškanje naokolo kao da se u nekom uglu krije putokaz kuda je otišla mati, on ju je prostrelio pogledom i odgovorio, Jednoga dana možda ćeš naučiti nešto o gubitku ljubavi, na šta mu je uzvratila, Nemam ja namere ništa da izgubim, i ostavila ga samog a on je i dalje bio zauzet i to uglavnom premišljanjem, i ako bi ga neko iz kuće nešto upitao, bilo šta, ustajao bi i počinjao naglas da čita novine, da paradira po kući glasno čitajući sve dok ga ne bi prošao bes, a zatim bi se durio, žaleći njih, sebe, povlačio se, a zatim je otišao, grozno, mislila je, tako neodgovorno da je želela lično da ubije nekoga, i onda se odala plesu i pijančenju po celu noć, ravnodušna prema muškarcima koje je puštala da s njom vode ljubav, uplašila se tek kad je shvatila da želi dete a uopšte ne mari ko bi mu bio otac, te se sva obeshrabrila, veselost joj zamrla, kao vetrić u zavesama, zavese odjednom splasle, i ona pogleda naviše, u veoma belu, veoma praznu tavanicu, s jednim paukom koji se beše lagano zaputio nekuda iz svog ugla. Htela je da ustane i ubije ga, ali ostade da leži, umorna i mirna, pa sklopi oči i zaspa.

Ujutru u sobu uđe Sajmon, sede joj kraj nogu i položi levu ruku na njen gležanj. Trudio se da prikrije kako pilji u njene grudi. Ona pusti da tišina između njih potraje. Sajmon skloni ruku s njenoga gležnja i reče, Šta misliš, šta bi se desilo da odem, pa da negde u gradu uzmem sobu ili tako nešto? Oduvek ga je obavijala neka mutna putenost, neka potuljena, a nedelatna prepredenost, i ona odgovori, Ne znam, a Sajmon se naže napred, s laktovima na kolenima, i reče, Uopšte ne razumem, a za to je vreme oblizivao svoje tanke, takoreći bele usne, zašto nisi zauvek otišla, zašto si se vratila i zašto se vučeš ovuda da bi se džapala s babom? Koleta uzvrati da ona ne želi ni sa kim da se džapa, i, iznenada dirnuta, rastuži se nad njim - natmuren tumara po rubu vlastitog života, nemoćan da napusti kuću, nedoškolovan, što je bila očeva greška jer u porodici doista nikog ni za šta nije bila briga, i eto ga sad ukraj njene postelje, klonuo, pismonoša, pomisli, s torbom punom mrtvnih pisama, lice mu užutelo, gleda preda se, i ona reče, Bila sam sama sa samoćom, pa dođoh kući naprosto zato što je kuća tačka s koje možeš videti kuda više nećeš da ideš, a da si na nekom drugom mestu bio bi samo trideset minuta bliže ničemu. Ustade i ode do starog toaletnog stočića od javorovine, s ovalnim ogledalom, a u ram ogledala utaknute behu žute izvitoperene fotografije od pre samo nekoliko godina, neki dugokosi dečak, Hari, kako mu beše prezime, njegov je otac imao radnju s testeninama, jedno uspijeno lice u nizu lica kojih se jedva i sećala, i ona poče četkati kosu posmatrajući sebe i Sajmona u starom, zadimljenom staklu, a Sajmon reče, Kladim se da sanjaš o svojim muškarcima. Previo se bio napred i košulja mu se olabavila oko grla. Ona položi ruke na njegov vrat, govoreći, A ja se kladim da su tebi u glavi tvoje gole ženske, a on upita, Na šta to misliš? Ona protrlja njegov vrat, idući palčevima gore-dole po njegovoj mrkoj opaljenoj koži, i kroz kosu i nagnuvši se, primače mu se toliko da ga zapahnu njen miris, oseti je mal' ne, a saznanje da on želi njene ruke na sebi toliko je raspali da odjednom postade svesna suvoće u sobi, suvog drveta po celoj kući, stepenica, posivelih i iskrivljenih od dugogodišnjeg trčkanja gore-dole po njima, jedino što su čvorovi štrčali kao prištevi, vonj kuhinjskog linoleuma dopirao je do nje dok je tiho govorila Sajmonu, Ponekad vidim muškarca kako uspravan stoji a telo mu mokro i ja polako prelazim prstima po njegovim prsima, kroz dlaku na njegovim prsima. Ona se očeša o Sajmonova leđa a zatim ga, malo se nasmejavši, poljubi u vrat i privuče sebi. Dosta, prošapta on, i ona ga odgurnu znajući da je bila nepoštena, ali ostade nameštajući kosu rukama i kad se on okrenuo, očiju uprtih u njene dojke, mrzela ga je što joj je brat, a takođe i zato što nije izgledao ni najmanje postiđen, a bez stida, mislila je, mi smo ništa, te iziđe iz sobe i otvori vrata od verande i zateče usnulu staricu gde hrče, čegrtavo skamukanje kroz dvorište, a povodac joj beše iskliznuo iz ruke te se biser-pevac šepurio po prašini. Ona siđe u baštu među krinove i bulke i bezglave peteljke.

Dohvati makaze za potkresivanje živice i krete da skraćuje stabljike a baba, s glogovim štapom između nogu, zabaci glavu i poče ravnomerno hrkati, kao kakav džinovski insekt, pomisli Koleta, a onda se starica upola probudi i pipajući potraži povodac. Gde je moj pevac, povika, i ptica, čuvši je, zabode nogom prema stepenicama, a Koleta krete prema stepenicama s makazama u rukama, baba se razvika, Dovedite mi mog pevca, dovedite mi mog pevca, no Koleta je samo stajala, nesigurna, posmatrajući pticu kako korača prema verandi, uzdignute glave, i ona je potkači nogom ispod trbuha i podiže u vazduh, smejući se, a pevac poče kreštati i lepetati krilima pa pade pravo na glavu, a baba poskoči i završta, Ko to dira mog pevca, ptica se otkotrlja tukući nogama po prašini, a starica krete niz stepenice, Sajmon s treskom iziđe vičući na Koletu ali ova ne obrati pažnju, pevac i ona gledali su se oči u oči, njegov se kljun lagano klati tamo-amo, crvena kresta pada sa strane na stranu, oka s nje ne skida, iza nje viče baba i ona utom uperi makaze i krete korak napred očekujući da će ptica skočiti i pobeći, no petao ni makac. Samo damaranje u mlohavome mesu njegovog vrata, i kad je stala iznad ptice ruke joj zadrhtaše i ona samo oseti da njena krv tuče u neskladu s bilom na izduženoj šiji ptice, no pevac podiže nogu i prezrivo koraknu, i tad je bilo gotovo, škljocnuvši sevnuše makaze za živicu. Krv šiknu iz šije i odrubljene glave, i ona odskoči u stranu, prestrašena, a petlovo se telo poče povoditi, krv u mlazevima, bezglavo telo sumanuto đipa po dvorištu, a starica, nepomična zbog slepila, zakriča kao da pesmom prati ples ptice, Moj pevac, moj pevac, ko to dira mog jadnog pevca, i celo joj lice spade, usne se povukoše otkrivajući žute zube, niz obraze linuše suze, a pevac pade među krinove.

Posle toga Koleta je svakodnevno viđala staricu iza prozora na spratu, katkad je i Sajmon stajao kraj nje. Vazda u spavaćici, s noćnom kapicom na glavi, stavljala bi srednji prst na usne i tad bi je Sajmon odvodio s prozora. Nekoliko dana padala je kiša te je toliko zahladnelo da javorovo lišće poče žuteti i crveneti. Kad bi Sajmon došao s posla, Koleta bi mu davala ručak, a potom odnosila poslužavnik babi i sedela preko puta nje dok ova ne završi. Starica više nije silazila i Koleta reče Sajmonu da kaže babi da je izvukla crnu kraljicu iz špila, da je gotovo s malom nameštaljkom, ali baba ništa ne uzvrati kao da, primeti Sajmon, i ne zna o čemu to Koleta govori.

Koleta ponovo poče sama izlaziti uveče, uzimajući ponekad stari štap od crnoga gloga za koji je verovala da je čini zanimljivom i elegantnom, jer negde je bila pročitala da mlada žena koja želi da izgleda tajanstveno treba da nastoji da bude malčice zlokobna, a u najnižoj fioci, u kuglicama naftalina, našla je i divan crni plašt za koji je pomislila da je možda bio majčin. S večeri bi se obavijala plaštom, i tako odevena jednom ode i do velike plesne dvorane, no mrzelo ju je da uđe pa je samo stajala napolju i slušala muziku kao da čeka nekoga, a jedno veče dok je sedela u svojoj stolici zabavljajući nekog dosadnog mladića koji je živeo u istoj uličici četiri bašte niže, gore na spratu starica poče da se ljulja, i on pogleda uvis da vidi odakle dopire zvuk, no Koleta poče štapom udarati u ritmu babinog ljuljanja, nagnuvši se napred i udarajući po daskama verande sve brže kao što se i baba sve brže ljuljala pokušavajući da umakne Koleti, utom je Koleta preteče te se starica upe da održi isti ritam, što Koletu obradova, lice joj se ozari, a to uplaši momka, no ona prsnu u smeh a onda, odjednom, starica stade. Umorila se, kladim se, reče Koleta i, sjajno se osećajući, zavali se u stolicu, crni glog joj između nogu, a za nekoliko minuta eto Sajmona s verande, veli, Trebalo bi da je vidiš, bela je ko kreč, a Koleta uzvrati, Trebalo bi ona da vidi mene, no potom reče svom mladiću, Ali, naravno, ne može jer je slepa, a Sajmon reče, Sram te bilo, i udalji se teškim korakom, a Koleta reče prijatelju, pošto je izgledao sav pometen i u neprilici, da je poljubi u obraz, i on je poljubi i potom ponovo sede obujmivši kolena rukama, dok je ona sedela gledajući preko vrta kako sunce zalazi za dvospratnice.

DŽON PUDLA

Džon Pudla je bio vlasnik jedne radnjice s muškom odećom. Pudlom su ga zvali zato što je vazda nosio malu pudlicu uza se. Vozio je velika bela kola sa staromodnim blatobranima u obliku peraja. Smešak mu je bio prostodušan, a podvaljak mali, masan, kao u bebe. Kasno poslepodne, dok bi mu kola bila parkirana uz ivičnjak, voleo je da stoji ispred radnje u odelu s jednim dugmetom - najčešće od bisernosivog laganog flanela – u ravnim cipelama, košulji beloj s belim dezenom, a zimi u tamnoplavom kaputu, suženom u struku i izrazito proširenom u donjem delu. „Danas ćemo", uvek je govorio svojim prodavcima kad bi krupnim koracima ušao u radnju, „malo da šišamo ovčice."

„Oće li te, Pudlo?" smejali bi se prodavci.

Džon Pudla je živeo s jednom ženom nešto starijom od sebe, vraški zgodnom ženom kestenjaste kose i punih dojki, dobrano zašlom u tridesete. Hodala je dugačkim koracima, imaš noge trkačkog konja, rekao joj je, i dobre usne, ne onakve ko žilet što ih imaju neke žene pa ti očas posla iseku srce. „Stara Luela ima noge stvorene za trk", reče ona jednoga jutra, gladeći najlonke, „ali posustajem. Sise mi ne spadaju", reče, „ali ovo ispod ruku me brine."

Pudla je voleo punoću njenog tela, i prisećao se svoje majke pre no što je umrla, rumene topline njene puti dok je sedela pred ogledalom slušajući stari radio, čuvajući ono što je zvala „Malo spokoja pred oluju". Jedne blage proletnje noći Pudla je podviknuo, „Ma kakva te oluja spopala?" a ona ga je žalosno pogledala. „Lepo se vidi da ne znaš šta nas napolju čeka", uzvratila mu je, a Pudla njoj da ne može da stoji ni autobus da sačeka, a kamoli nešto ne zna ni on šta, a sad je morao da gleda iznurenost u Luelinim očima dok je sva zarozana sedela na ivici kreveta. Divio se njenom uspravnom hodu, njenoj uzdržanosti, pa se uvek trudio da i sam korača zabačenih ramena, siguran u to da mu sposobnost da sačuva prisustvo duha omogućuje da mudro postupa s drugima, kao što je i postupao s kurvama i prodavcima u svojoj radnji. No ona tad reče, „Ne znam šta ću."

„Sa čime?"

„Sa starenjem. Starim."

„Meni", odgovori on, „izgledaš sjajno. Uopšte ne treba da se sekiramo, ti i ja."

„Pravi si genije za ubeđivanje, Pudlo", odmahnu ona glavom. „Pravo veliš. Imam noge trkačkog konja."

„Bolje bi ti bilo da mi veruješ, mala."

„Odo' ja u čabar, Pudlo."

„Nije ovo nikakav prokleti čabar", tresnu on šakom po zidu. „Nisam ja neka leva šuša, a nisi ni ti. Velim ti da treba da misliš lepo o sebi. Ja o sebi mislim lepo, i o tebi mislim lepo. Ako si baš zapela da misliš ružno o sebi, nema ti spasa."

On poravna revere sakoa. Ona zari glavu u šake. Bojeći se da ona ne zaplače, on podiže pudlicu i iziđe, pa se polako odveze u centar grada i ulazeći sa psom u radnju dvaput duboko udahnu, da se smiri. „Oće li te danas, Pudlo", doviknuše prodavci. On položi psa u njegovu korpu iza tezge. „Mene uvek 'oće", odgovori, a prodavci se nasmejaše. „Čarobnjak, eto šta sam", i sav zadovoljan pope se u sobu iznad radnje, ali kad je kročio u sivu svetlost gole odaje i spazio neomalane zidove, sofu na razvlačenje i kartaški sto, telefon i venecijanere, dobro raspoloženje iščile iz njega *a za sve je ona kriva, beštija jebena.*

Pudla navuče venecijanere. Poslepodne je u toj sobi na spratu ljuštio poker. Bio je dobar delilac, stroga lica i uvek hitrih prstiju, pa nače novi špil i štek cigareta. Jedan stari delilac po imenu Heršel, koji nikad ni kap nije okusio a ipak capnuo od ciroze jetre, nekad davno mu je preporučio da igračima uvek da neku malenkost džabaka. „To ti je mamipara", objasnio mu je, „oni misle da su među prijateljima, a nikog ne možeš odrati brže nego tipa koji misli

22

da je među prijateljima." Pudla uz cigarete iznese i čips u fišecima od alufolije. Pošto je ispraznio pepeljare, sede, zabrinut zbog Luele koja se baš bila otkačila, svaki čas počinjala da cmizdri na šta je on ostajao bez teksta, a bilo mu je dosta toga da celog života drži jezik za zubima *i šta sa svim govnima koja sam progutao dok sam stekao neku crkavicu* te se sa gorčinom priseti vremena kad bi mu tek pokoji igrač banuo na vrata pa je morao da se čupa i rukama i nogama, da namešta igru za nekog krupnog Grka koji je naslagao svu lovu preda se, i da vazda nastoji da i za sebe odvoji nešto dok je nameštao igru a u isto vreme preko telefona se pomalo bavio klađenjem. Igrači su se žalili što telefon zvrči i on se mnogo znojio. Lepio bi listiće za klađenje, komadiće cigaret-paripa, na oznojanu mišicu i pri tome delio karte što se nikome nije dopadalo, *i u celoj stvari to je bilo najzajebanije*, reče Pudla, sećajući se kako je Grk navratio i iz džepića na prsluku izvukao žensko ogledalce pa se zgrbio na sofi štucujući brkove makazicama i govoreći, „Nalaziš se u telefonskom imeniku, Pudlo. Ti si Pudla Enterprajz, ali u poslu ne obrćeš ni govno. Skupljaš sitniš kojim ni kiriju ne možeš da platiš. Lupaš glavu, a? Lupaš glavu šta da radiš, Pudlo, ali dotle, nema više akontacije. Ti si svoj čovek s tim tvojim prcvoljkom od kučeta. Učini mi nešto, je l' važi? Batali kuče. Bruka živa, tol'ki čovek s tolišnim kučetom. To nije normalno."

No Pudla otpoče posao samostalno, rabeći tri kurve u hotelu Perlmuter. Drage su mu bile njegove devojke, a jedna, Keri, cura s kao slama žutom kosom i malim grudima, bila je rođeni talenat. Muškarci su je tražili i cenili njenu darovitost. Pudla je želeo da mu devojke dobro prolaze, i jednoga dana, kad je sedeo s Keri u njenoj hotelskoj sobi, na podu pored kreveta peškirić i kutija s papirnim maramicama, rekao joj je da je sjajna i da je rođeni talenat, i prava je šteta, reče, što ne izgleda bolje pa da može da namlati silne pare, a ona se samo osmehnu i upita, „Pa, šta ćeš? Daješ kol'ko možeš." Pudla je bio dirnut i koncem sedmice dao joj pedeset dolara pride jer sad je za njega radilo šest devojaka, te se nasmejao i rekao, „Nikad

23

nemoj svakoj budali pružati istu šansu, *i odjednom eto me tamo gde sam i hteo da budem a da se nisam ubio od naprezanja, to jest imam čopor devojaka ali svoj sam gazda, pa bi možda valjalo da ja i Lu odemo malo na odmor* a kod kuće se Luela vukla naokolo ko prebijena, a ponekad, kad bi se penjao stazom, spazio bi je kako zuri kroz prozor kao neka od onih *žena iz filmova o duhovima što vazda zure kroz prozore na spratu* i jedne noći on se pope gore i tiho stade pored nje, i pogleda dole na ulicu kroz gusto lišće grimiznoga javora. Duvao je laki vetrić. „Prelepo", reče on. Neko je ošišao travu i do njega je dopirao slatki vonj. „Udahni samo", reče, dodirujući joj krsta. Uto niz ulicu naiđe njihov kućevlasnik držeći se za ruke s jednom vitkom Crnkinjicom i Pudla prezrivo primeti, „Isuse, čak i ja spuštam rampu pred crnčugama. Nemaš samopoštovanja, čoveče." Luela sleže ramenima, mrtvaladna prema sitnim razlikama što ih je pravio između sebe i drugih muškaraca. „Ponekad se", reče, „ponašaš sa mnom kao da sam sam neki trećerazredni laktaroš", a pošto mu je posao dobro išao znao je da nije obična šuša te se više brinuo zbog nje što je odbijala da se smeje njegovim omalovažavajućim štosevima i što je u njemu izazivala osećaj da bez veze veruje kako je lukavi i poštovanja dostojni poslovni čovek. „Neprestano se štrecam zbog tebe, mala", reče, no ona samo odvrati da izlazi u šetnju.

Krajem sedmice odveo ju je u Portoriko. Bila je van-sezona, previše vlažno i sparno, no Luela je u stanu bila toliko mrzovoljna, a noću ostajala sve duže napolju, da je rešio da je izvuče iz grada. Ali, ujutru se probudio i zatekao je gde zuri u ogledalo kao kod kuće.

„Isuse, Lu. Prevalili smo šest hiljada milja i sunce sija, a ti čamiš tu u mraku."

No ona ga je posmatrala u ogledalu i on se prenerazi zbog tužnog, bezmalo sažaljivog izraza u njenim očima. Dlanovima zagladi kosu unazad. „Pa šta to radiš, a?" upita je najmirnije što je mogao.

„Razmišljala sam o ocu."

„Šta to?"

„Bio je dobar čovek."

„Boli glava koliko je dobar bio. Ceo svet se ubi od zahvalnosti koliko je dobar bio."

„Uf, Pudlo, pa zar ti nikad ne razmišljaš o svom ćaletu? Zar nikad ni o kome ne razmišljaš?"

„Razmišljam, mala", odgovori on, uznemiren jer mu se učinilo da ga žali. „Neprestano razmišljam o tebi, ko cigla si mi legla na mozak, a nije štos u tome o čemu ja lupam glavu nego zašto ti razmišljaš o tome o čemu razmišljaš, a o čemu ja ništa ne znam iako sam ja tip s kojim živiš, al' sad ispadoh tip s kojim ne razgovaraš."

„Smešno", reče ona. „Ni moj otac nije sa mnom razgovarao. Skoro nikad."

„Možda nije imao šta da kaže."

Ona zabaci ramena i osmehnu se, no njega podiđe laka jeza i na vratu mu se nakostreši kratko ošišana kosa, a ona pročisti grlo i reče, „Dokle god sam bila dete otac mi je poklanjao lutke, lutke klovnove, pajace na uzici, pa ih je klatarao po vazduhu, a one su imale krupne staklene oči, izgubljene oči što su me kao kakvi poludeli cvetovi pratile svuda po spavaćoj sobi, i mnogo godina kasnije, znaš, ponekad noću kad bismo odlazili na ples, reflektori koji su se odražavali u ogledalu iza nas izgledali su mi kao krupne cvetaste oči, pa bih se ponekad toliko uzvinula kao da sam drogirana i činilo mi se da sam ispunjena laticama što se obrću u očima svih onih koji su me gledali."

Čeznutljivost u njenom glasu natera ga da posegne za njom, iznenađen zbog sopstvene otvorene ispružene šake, meso mu podbulo, iznenađen zbog svog iznenadnog uzbuđenja, pa reče, „Želim te. Lu."

„Aha, a je l' želiš moju majku?"

„Ko govori o tvojoj majci?" upita on kiselo, osećajući se šutnutim.

„To i jeste štos. Otac nikad nije govorio o majci. Otišla je dok sam još bila mala i zauvek odbio da govori o njoj. Smatrao je da bi nam takve priče nanosile bol."

„I onda?"

„I onda, što se više ogledam, to mi se više čini da nalazim majku."

„Isuse Hriste", reče on. Ustade iz kreveta u želji da je dohvati za ramena i protrese, a u stvari je želeo samo da se izvali na leđa i natera je da vodi ljubav s njim, pa stade iza nje, videvši sebe golog u ogledalu, dežmekastog, belog i ranjivog, no ona ga pogleda i primeti, „Kao da se neko useljava u mene, neko drugo lice, a sigurna sam da je to njeno lice. 'Oću da kažem da mi je skoro četrdeset, a kad navršim četrdesetu pogledaću se u ogledalu i znaću ko mi je bila mati."

To popodne sedela je sama, podalje od sunca. Ćutala je i nosila velike crne naočari za sunce. Nije mogao da odredi šta to gleda. Bio je povređen i rekao, „Je l' znaš kako izgledaš? Kao jedna od onih žena na filmu kojima su maločas ubili muža, pa sede u crkvi, znaš italijanske plačipizde na sahrani, a!" On se nasmeja ali ona samo dodirnu vrat a on se upilji u bazen u kojem nije bilo nikoga. Bio je otrovno zelen, glatka blistava površina od koje su ga bolele oči, i on reče, „Jebi ga, ovo je sumanuto. Niko se ne kupa." Trapavo bućnu u vodu pa brzo ispliva i doviknu joj, „Radi šta hoćeš, mala, ali nemoj meni. Nemoj to što sebi radiš da radiš meni."

Te večeri u kazinu, kad je izgubio pare na krapsu, nije rekao ništa, ali je okrivljavao nju. Ona mu je ubila dobro raspoloženje, *žar a i znao sam čim sam ušao da je žar zgasnuo a čovek u tamnjaku nasmešio mi se ko da mi na čelu piše da sam gubitnik* pa je bacao kockice bez samopouzdanja. Nije imao sreće i sad je ležao budan pored nje u krevetu, ljut što aparat za er-kondišn svojim zujanjem prigušuje huk mora, a utom ona izvali, „Oduvek sam želela da se oprobam kao zmajerka, baš to, onako kao na filmu, tačno sam tako želela. Mora da je super, ploviti vazdušnim strujama, sama-samcijata iznad svega, potpuno nečujna na suncu, lebdeći tako, ceo ti svet ko na dlanu. Negde sam pročitala da je tako kad umreš, samo što tu ne umireš nego se lepo ne vratiš."

Pudla je ležao u tami ruku prekrštenih na grudima. „A ja", reče, „ja sam želeo da dobijem, da dobijem u velikom stilu, a umesto toga ubulio sam se dva soma dolara i završio u krevetu sa zmajerkom bez posla."

„Znaš šta, Pudlo?" uzvrati ona, nadnevši se nad njega tako da je njena duga kosa milovala njegove gole grudi, „ti i to pseto ste pravi par, je l' znaš? Skončaćeš s kučetom u korpi. Šta na to veliš?"

„Pa šta?" uzviknu on, odskačući od zastrašujućeg dodira kose koja je prelazila njegovim telom. „I uopšte, ko koga ovde tuca?"

On isključi er-kodišn i sam iziđe na balkon, govoreći, „Pa znoj se! Nek ti bude malo i vruće. Neće ti škoditi da skineš koji gram."

„Džukelo", vrisnu ona, „zažalićeš." Zažalio je, a ipak ne reče više ni reči zato što je već previše rekao, te sede u plastičnu ležaljku osluškujući valjanje mora, a sutradan odoše kući.

Kako su nedelje prolazile, tako je on sve više vremena provodio u radnji bockajući prodavce, pakujući igru i rabeći devojke, i uvaljujući jeftina odela s vešaljke. Kravate, košulje, dugmad za manžete i čarape prepuštao je prodavcima. „Prodavci i jesu za to", govorio je. „Za ono uzgredno, i uvek treba da pamte da su i oni nešto uzgredno." O sebi je, ljuljajući psetance, govorio kao o vlasniku butika za gospodu. „Ono si kako sebe nazivaš, bar što se mene tiče", govorio je prodavcima. Ipak, nije dopuštao prodavcima da mu se približe, ali sa svojim kurvama ponašao se rođački, smatrajući da ima poseban osećaj za žene i da zna kako s njima treba. Devojke, koje su bile mršave i mlade, zvao je svojim damama večeri, „A dame moje", podvlačio je strogo, „vazda postoji neki debeljko koji pokušava da se ugura u tanku ženu, zato da i mi nabacimo malo salca."

S devojkama se nalazio jednom sedmično u klubu Merkjuri. Beše to bar s džuboksom i malim podijumom za ples čiji je vlasnik bio bivši bokser koji je sad postao sudija u ringu, i pisao ljutita pisma novinama u prilog smrtnoj kazni. U bar su rado navraćali muškarci od četrdesetak godina, a on je devojke okupljao predveče, dok je bar još bio gotovo prazan. Moksi Mensler, bokser, seo bi načas, uzeo svoju lovu u malom mrkom omotu, a onda bi konobar na poslužavniku doneo sirovi hamburger. Pudla bi palcem i kažiprstom odvajao komadiće mesa i hranio psa, a devojke bi dolazile i sedale za sto. Smeškale su se psu i jedna, koja je danju volela da nosi muški sako i kravatu, priredila je iznenađenje isplevši kučetu male vunene vrećice za šape, kao zimske rukavičice, i sad su sve devojke donosile trake, ili niske sitnih praporaca. Pudla je voleo atmosferu ovih predvečerja i izgledao sebi kao čestiti poslovni čovek *jer ja sam svoj čovek s jebenim pokrićem, a pokriće čini čoveka u očima drugih* i zato je pre neki dan direktor filijale u kojoj je on već deset godina obavljao svoje bankarske poslove odjednom izišao pred ulaz i uzeo ga za ruku poželevši mu svako dobro. Pudla se najpre presekao da se nešto izvrndupilo, no potom je bio zadovoljan što je sačuvao prisebnost kad je ruka tog čoveka pošla prema njemu kao potvrda, blagoslov, jer, kako je kasnije rekao Lueli, direktor filijale je jedini koji zaista zna kako se odvijaju njegovi poslovi. Pudla je, stojeći u tišini male filijale, odlučio bio da otvori novu radnju.

No Luela nije imala bogznašta da kaže. Pomislio bi da hoda u snu, a onda bi iznenada počela da mu priča uvrnute priče o svom ocu i o tome kako je uvek proračunavao sebi život po čarobnim brojevima: 5... 8... 17... 28... „Ko mu je rekao da su čarobni?" pitala je strogo, „i zašto je pristajao da veruje u to kad je jedina čarolija koja mu je ikad pošla za rukom bila ta da moja majka nestane iz njegovog života?" Pudla razmisli na tren pa reče, „Svaka budala ima neki sistem. Ja imam klikere." Ona se smrknuto upilji u njega pa se nasmeši, kao da ga je videla u novoj svetlosti. „Tako je", reče, „prevelik si ti klikeraš da bi se nasankao na bilo čiju čaroliju, Pudlo", pa iziđe, kao što je činila bezmalo svako poslepodne, u neku privatnu plesnu dvoranu-školu gde ju je, pričala je elegantno vrteo naokolo jedan mladi, pomalo ženskast muškarac koji bi je ponekad ljubio u vrat dok bi je povijao unazad u svom naručju i još *ima petlje da mi trtlja da je jedini koji elegantno postupa s njom tamo neki usrani peder što se vata u plesnoj školi, toliko ogavno da čoveku pripadne muka.* „Pa, momci", reče jednog dana prodavcima, „da vam Pudla da jedan savet. Jedini način da iziđete nakraj sa ženama jeste da i' pustite na miru. Nek se same smisle šta 'oće i onda neće kriviti vas, jer većini muškaraca tovari se upravo to, krivica, pa tako oni moraju da se osećaju jadnije od njih."

Prodavci su se nesigurno vukli pred Pudlom koji je skljokano sedeo na hromiranoj stolici zadubljen u sopstvene misli, sve dok se na vratima nije pojavio neki čovek s naočarima i u izlizanim cipelama. Pudla se nasmeši, poravnavajući široku kravatu na stomaku. Odjednom se oseti lagodno, toplo prihvati čoveka za lakat i povede ga do vešaljke s ugljen-sivim odelima, pa ga pomeri do ogledala u uglu i lupnu po zadnjici i odmeri izpod pazuha. „Pipkajte ih, pipkajte dok se drže na nogama", govorio je prodavcima, „dirajte ih u njihovu privatnost, svi su zabrinuti za svoju privatnost, a vi ih priterajte uza zid i sasvim lagano uturajte u odelo od 99,50 dolara, otkrivajući im da, kao, verujete u šik, i onda spustite na okruglo 90, nosi kući, evo ti ovo što si imao na sebi u kesi."

Lako se zarumenevši, s olakšanjem što se može odmaći od ogledala i mekog Pudlinog dodira, čovek obuče odelo i reče, „Da, da, predivno je", i iziđe sa starom odećom u kesi, zastavši da razgleda jedno skuplje odelo od listera na lutki u izlogu, a onda se izgubi u popodnevnoj svetlosti. Pudla ponovo sede na hromiranu stolicu, zadovoljan, siguran da zna kako treba proceniti čoveka pa reče, smešeći se, „Paz'te samo, prva upišana kiša i to će se odelo skupiti i sunuti naviše ko platnena roletna."

Prodavci se s razumevanjem nasmejaše a Pudla osta da sedi ruku prekrštenih na grudima, uljuljkujući se u njihov smeh i divljenje. Potom ispruži ruku i diže psetance pa ga kažiprstom pogladi po njuškici. „Vidiš", reče, „kako je stari tata-Pudla dobar kad mu ide dobro". Kasno posle podne lagano se odveze kući, zadovoljan što je bio u pravu kad je mislio lepo o sebi. Pas se nalazio na prednjem sedištu, u zatvorenoj pletenoj korpi. Predvečerje je bilo vlažno, maglovito, a sunce blistavo crveno. Zakloni oči i malo ubrza.

Na sto u udubljenju trpezarije Luela je iznela hladne nareske sa sosom. Upravo je zakopčavala crnu bluzu od šifona i izgledala vitko i elegantno u crnoj suknji i crnim plitkim cipelama od krokodilske kože.

„Gle", upita on, „Na čiju se sahranu spremaš?" Ona sleže ramenima i uzvrati, „Idem napolje."

„Napolje, napolje", pa spusti psa, „šta ti to znači - napolje? U poslednje vreme izlaziš svaki bogovetni dan, i svaki dan sve više ličiš na ratluk. Šta se to kog đavola zbiva?"

„Pokušavam da se priberem."

„Da se pribereš? Šta to bereš."

„Mnogo si duhovit."

„Koga zanima duhovitost? To što radiš zoveš pribiranje. Jadna si mi ti glumica, ali iziđi napolje pa možeš da se nosiš s tim svojim pribiranjem."

„Idem napolje."

Uvređen i uplašen da se ona, izbaci li je da spase ponos, neće više vratiti, dodirnu je po ramenu, nastojeći da je iznenadi svojom brižnošću, no umesto toga je mrko, pogleda i reče, „Smiri se."

„Mirna sam", odgovori ona.

„Da, ali smiri se."

„Koji ti je? Dokle da se smirujem?"

„Šta to 'oćeš da nam uradiš?" upita on. „Šta to 'oćeš sebi da uradiš?"

„Ono što ti ne radiš", odvrati ona.

„Pa šta da se radi?"

„'Oću da se osetim sveže, ako si baš zapeo da znaš."

„Sveže. Svežina je za voćke i cvećke, a ti se kanda malo mnogo vucaraš s pederećkama."

„U sebi, Pudlo. Želim da se osetim sveže u sebi."

„Pa osećaj se, ko ti brani?"

„Niko, Pudlo. Niko mi i neće zabraniti, u tome i jeste fazon. I zato me puštaj da prođem, i gotovo."

„Kuda?"

„Napolje."

„Deset godina živimo zajedno, a sad napolje ko da nemam nikakva prava."

„Idem kod Gimleta."

„Kod Gimleta! Da nisi malo šenula?"

„Naravno da sam šenula. Matorka sa šenulim nogama kreće u isfurić."

„I šugavo pseto bi u tu rupu ušlo parajući njuškom nebo."

Ona zalupi vratima a on joj doviknu, „Varaš me i prebiću ti noge. Prebiću ti noge palicom za bejzbol." Bat njenih koraka sve je tiše odzvanjao sa stepenica. „Zalepi crni flor na nos", doviknu ponovo, uzevši režanj salame. „Skiknula ti pamet."

Pudla se uvali u fotelju sav nadrndan. Zazvoni telefon i on položi opkladu na neku bejzbol - utakmicu u Klivlendu. Zatim ostade da sedi sam u tišini, odjednom svestan zujanja aparata za er-kondišn, što ga podseti na Portoriko, te zažali što sve nije krenulo drugačije, možda je i on njoj trebalo da govori o svojoj majci. Možda bi je to razvedrilo. Jeo je vrlo malo i nasuo sebi piće. Uze da ljulja psetance i da ga miluje po glavi. „Kao da misli da ja ne smem da se naljutim", reče on glasno psu. „I u čemu je, dokurca, uopšte stvar?" Psetance mu liznu otvoreni dlan. On nasu sebi drugo piće i iziđe na verandu te sede na mali dvosed koji su bili kupili za letnje večeri. Sunce je zalazilo za krovove garaža.

Pokušao je da zamisli Luelu kako sedi za nekim skučenim stolom kod Gimleta, i pri tom tapkao dlanom naslon za ruke, jer one noći kad je on bio tamo zurio je u jednu dugonogu devojku ravna trbuha, uskih bokova i malih čvrstih grudi, te ga ispuni žudnja zbog koje se i sam iznenadi, a kad se nagnula, njena mala zadnjica s žbunićem crnih dlačica učinila mu se toliko ranjivom da je rekao sebi, „Isuse, rado bih je poljubio u to mesto", a potom, uplašivši se da je to rekao naglas, digao se i pošao kući, *a sve one razuzdane striptizete smucaju se onde pomisli, a kad devojke odu iza kulisa svi će navaliti na bilo koju istinsku žensku*, naročito na Luelu s onim njenim

31

rezervisanim izrazom, držanjem glave kao da je ništa na svetu ne može iznenaditi, pa se nagnu napred odjednom je videvši kao zavodljivu ženu koja tačno zna šta želi i kako će dobiti to što želi. „Jebi ga", reče, a potom se upita da li je doista otišla kod Gimleta. Možda je otišla u Dvadesetdvojku, što je bilo moguće, jer pominjala je nekakve modele i nekog mladog filmskog producenta a on ju je slušao s pola uha, misleći da ona to priča o časovima plesa, ali Dvadesetdvojka je u poslednje vreme postala stecište filmadžija i *Gospode bože, po svemu sudeći spanđala se s nekim filmadžijom* i onda uvide da pojma nema gde je ona niti šta radi, te se oseti najpre izevereno, onda bespomoćno. „Treba uvek spavati s jednim okom otvorenim", reče gorko. Nali sebi još jedno piće, zatvori oči, i tiho reče, „A mislili smo da je svet naš."

Spazi neku ženu kako sama sedi na zadnjoj verandi odevena u belo prsluče i bele pantalone. Učini mu se da i ona njega posmatra i on joj odjednom mahnu bocom rakije od raži, a i ona mahnu njemu. Dade joj znak da bi mogao doći do nje, i ona mu ponovo mahnu. On se diže, pomalo uzbuđen, govoreći sebi, „Jebi ga, da i ja štrpnem malo pičetine." Diže psa i siđe drvenim stepeništem odstraga u mračni pepeljavi prolaz između garaža, pa izbi na usku uličicu, siguran da će, odbroji li četiri-pet garažnih vrata s leve strane, naići na pravi prolaz do ženinog dvorišta, ali svaki prolaz bio je toliko mračan da nije mogao biti siguran, i zato je u bezmalo mrkloj pomrčini kaskao od prolaza do prolaza, buljeći u prazne verande.

Potegnu iz boce i odluči da se vrati kući. Kuče je cvililo. On uvuče glavu u ramena i krete veoma brzo. Neko povika, „Stoj, gde si". Onda ga zaslepi neka svetlost, pa svetlost pođe naniže i on ugleda dva pandura kako stoje u senci otvorenih vrata neke garaže i jedan reče, „Da nije malo rano za gvirkanje, a, debeljko?"

„O čemu to kog đavola pričate?"

„Pričamo o tebi."

„Đavola pričate o meni, nisam ja nikakav usrani rašomonac."

„Naravno, naravno", potvrdiše panduri. „Samo se šunjaš iza kuća s bocom jeftinog viskija zato što ti i tvoje kuče nemate pametnija posla."

„Ovaj viski je skup ko otrov", odgovori on, sav ozlojeđen, no zbog nečega se priseti kako je njegova majka sedela pored radija slušajući svake nedelje nekog tipa po imenu Mornful Smit koji je zviždao pesme dok je svirao klavir. Video je uglancane crne vrhove policijskih čizama i, iznenada iznuren, uzmičući od svetlosti, reče, „Ma, ništa ja ne radim."

„Daj nam taj viski", reče jedan pandur. Pudla predade bocu a pas mu iskoči iz naručja i poče kevtati policajcima oko peta, a jedan pandur okrete Pudlu i pribi ga uza zid, ritnuvši ga da razmakne noge.

„Za ime sveta, ruke dole s mene", povika on.

„Uhvatismo golicavog voajera." Pandur ga poče prepipavati po bokovima, sasvim mu se približivši. „I smiri kuče", reče pandur i nasmeja se.

„Čujte, imam posla. Živim odmah tu, na kraju uličice."

„Aha, i šta radiš?"

„Držim butik za gospodu."

„Šta?"

„Butik za gospodu."

„Šta ti to dođe?"

„Ja pravim odela."

„Znaš šta mi ne ide u glavu", reče drugi pandur. „Što se vi momci zezate po stražnjim sokacima kad barovi u centru sve vrve od onih golih milokurki."

„Tražio sam nekoga", odgovori on. „Tamo me je neko čekao. „Dohvati psa obema rukama. Pandur otvori njegov novčanik i izvuče posetnicu. „Ignacijus Džon Takoma. Čime se baviš, Takoma?"

„Imam radnju s odelima. Šta mislite, gde bih inače nabavio ovako dobro odelo."

„Stoj pravo i okreni se", reče jedan pandur.

„Evo, stojim pravo."

„Možda si peder?" primeti pandur.

„Nije vam poso da me vređate", reče Pudla. „Samo hoću da me ostavite na miru. Moj privatan život je moj privatan život."

„Ma nemoj", odvrati pandur, „a što se tolko znojiš ako je sve u redu?"

„Ko se znoji?" reče Pudla. „Ladan sam ko soda."

„Aha, ladan, veliš?"

„Kol'ko ladan treba da budem?" upita on škiljeći u svetlo baterijske lampe. „Nemam šta da se secam."

„Videćemo", ovrati pandur.

Pudla diže ruku i zakloni lice. „Šta ima da se vidi?" reče, ali sad, kad ga svetlost više nije zasleplivala, primeti da su oba policajca vrlo mlada, da su im lica gotovo dečja, te se razbesne što je tako lako dopustio da ga fortaju. „Kao jebena roletna", reče.

„Šta?" upita jedan pandur.

„Moja stvar", razvika se on. „Ako mi se 'oće da ceo svoj jebeni život provedem po stražnjim sokacima, to je moja stvar."

Toliko je bio ljut na sebe da mu čak i suze grunuše. „Lu bi crkla ovo da vidi", reče i okrete se ne bi li na prozoru spazio njeno lice.

„Ko je Lu?"

„Zini da ti kažem", odbrusi Pudla prezrivo.

„Briši kući", reče jedan pandur. „Priberi se", i oba se policajca ponovo povukoše u senku.

„Za vas je ovo nepribranost", viknu on. „Nema tu nikakve nepribranosti", i on zamahnu pesnicom na senke. Policajci ništa ne odgovoriše.

„Vi ste blesavi", povika Pudla, ljuljajući psa. Pas mu je lizao ruku. „Imate te tupave baterijske lampe, ali meni ne možete ništa." Jedna pseća vunena rukavičica je nestala. Nije znao kako će devojkama objasniti kako ju je izgubio. „Ništa vi ne vidite", vikao je, ponovo pogledom tražeći njeno lice na prozoru. „Ništa vi ne vidite, jer ja imam pokriće, čoveče. Pokriće imam."

IMA LI KOGA?

Lenard Šole, lekar dobrano zašao u sedamdesete, beše suvonjav starac u crno obojene kose, jajolika čela. Nosio je široko odelo krutih prsa, nafatiranih ramena. On mi otkopča košulju, kucnu po grudima, oslušnu srce. „Za vas je", reče, „lupanje srca nevolja. Za mene je, nekad davno, šum na srcu nadmašivao i najsmelija nadanja." Njegov je sto bio zatrpan neotvorenim pismima. Osetih njegov dah na obrazu. Starac me ponovo kucnu. „Ima li koga?", pa se nasmeja, govoreći: „Ne slušajte me. Pričam, jer šta bih drugo u ovim godinama. A vi bi trebalo da oslušnete vlastito srce." U džepu na grudima imao je savršeno ispeglanu, na tri vrha složenu maramicu. Dok je hodao tamo-amo, stari patos je škripao. Zatvorih oči. Trenutak je vladala tišina. Podigoh ruke. „Šta imate tu?" upita on. Otvorih oči i osvrnuh se. „Gde?" začudih se. On se nasmeja. „U rukama, izgledate kao da nešto držite." Odmahnuh glavom. „Možda uspomene", reče on. „Ja imam uspomene. Uspomene su sastavljene od mene od toga čega se pridržavam, od toga što gledate." Dohvati pljosnati drveni štapić i čeličnu lampicu i reče: „Zinite lepo. Moram pogledati. Napeti ste, znate i sami. Izgledate kao da ste mrtvi-ladni, a vrlo ste napeti." Ponovo zatvorih oči, osluškujući škriputanje njegovog patosa, *moje sinoćne škripave korake preko njenog iskoritanog parketa, zidovi beli a patos iskoritan od vlage i samo TV stočić s cevastom nogom, „I recite a", reče stari lekar, vlaga, jer ovo je podrum, „A", i belo tapacirano plastično uzglavlje, spužvastom gumom ispunjeni jastuci, i ona uzdahnu, zavali se i uzdahnu onako sladostrasno, oči joj boje škriljca, dojke vise malo ustranu, bokovi uski a*

35

stopala mala, tanana, promuklo ispušta tihe krike, kao,
stidi se, „A", i onda ispusti dim, pušeći cigaretu, pričajući
kako voli da po kući nosi Blu Džej bezbol-kačket dok
kasno u noć čuči na petama i sređuje nokte, lobanja joj,
veli, provetrena od televizijskih jevanđelista, i uvek spava
negde do deset, spava dobro, veli, „ej, gledaj, ni traga od
strija, čista dečja koža, ista istijata s kojom sam rođena"

„Ali
jedina veza sa onim onda", reče Šole, „sa onim godinama
posle rata i, slušate li me, jeste moj sin koji je sad nalik
kakvom remcu. S vašim grlom je sve u redu, ali s njim i
njegovim srcem nešto ne valja. On, znate, rado nosi one
žute čizme kakve nose građevinski radnici, one s čeličnim
ojačanjem napred, ali ja vam se držim svojih sunđerastih
papuča i svoje sobe s lampom što u tami sija kao kakva
mala rupa za bekstvo, no po njemu, kako se meni čini,
greška je u tome što se jedan tip kao što sam ja uopšte
oženio." On odloži stetoskop, koji me je podsećao na
crne gumi-bombone što sam ih voleo kao dečak, škljoc-
nuvši zatvori kutiju, i nastavi: „Tip kao ja ne bi nikad tre-
balo da se ženi, ali svejedno, ona je ubrzo otišla i ostavila
mog sina da učini nešto veliko, da živi." Budilnik se
oglasi, prigušeni pisak, i Šole koščatom rukom pljoštim-
ice raspali po satu, zamahnuvši iz ramena, i okrete se,
krnjatkom od olovke zapisujući beleške u sveščicu.
„Imate srce kao konj, zašto uopšte brinete?" Digoh
pogled na stari kalajni luster obešen posred tavanice, u
njemu šest praznih čašica. Držeći jednu ruku u džepu
sakoa, Šole, mršav i strog onako u senci, skloni sveščicu i
reče: „Daću vam jače pilule, ne brinite, želite da se
smirite, e pa, smirićete se." On kresnu drvenim pa-
lidrvcem o nokat na palcu i pripali žitan, duboko uvlačeći
dim. „Dakle, taj moj sin", reče pružajući mi košulju. „On
drži golubove, nekakve golubove pismonoše, veli, popeo
kaveze na vrh krova, i kaže može da im radi šta hoće, da
ih ne hrani, da im uvrće krila, šta mu padne na pamet, a
oni će mu se uvek vratiti, a drži i neke druge koji se zovu
gušani. Meni to zvuči kao bolest. Šalje poruke po celom

36

gradu, ne znam ni ja kome, možda nikome *grudi joj gole,*
nameša se u gaćicama s mašnicama kao krilca, vrapčija
krilca kad bi mogla da polete, sedi za stolom, bočica sa
skidačem laka otvorena, pa ispružila prste po stolu, nokti
dugi, glacka ih i čisti, natukla kačket preko očiju:
   „*Ponekad donesem gajbicu piva pa kad naiđe neki*
dasa, ne smeta ti što ti pričam, a, hoću da kažem zna se u
čemu je stvar, devojčice moraju biti s muškarcem s vre-
mena na vreme ali oni im uvek postave ono pitanje, znaš,
lice im ko pun mesec kad te pogledaju i pitaju je l' sam
bio dobar, je l' sam bio najbolji? a nikad ne kažu volim
te, nikad nijedne male izjave ljubavi, „*A*", *i poslednji tip*
dok je na odlasku stajao na vratima, e, i on je hteo da zna
pa da može d' ide, te mu ja rekoh, pa, bar imaš onu rad-
nju s tekstilom, Henri, ako ništa drugo, a i dobar si u
kuglanju, a njemu se oči iskolačile ko da sam ga mlatnula
satarom. Nema veze, meni je jedino stalo do mojih nokti-
ju. Ko je bio daktilograf zna one velike sobe s tepisima od
zida do zida, to zbog tišine, a unutra stotinak devojaka sa
slušalicama na glavi i jedino što prekida ritam to je kad
neka slomi nokat, ali gadno je što uvek moraš da pogle-
daš u oči tim tipovima što su već postali gubitnici pa
moraju da ti postave ono pitanje, znaš, Je l' sam bio
najbolji? koje postavljaju još otkako su se skinuli sa sise
pa zakačili za maminu suknju, gubitnici naprosto, svi smo
i onako gubitnici, bacaš kockice i dobiješ dve šestice,
možda je u redu to što radiš, a možda i nije, ali padnu ti
dve šestice i Šole, stojeći kraj prozora, u sakou izgu-
žvanom od celodnevnog sedenja, prodenu prst kroz alku
na tamnozelenom prozorskom zastoru i kratkim trzajem
podiže roletnu puštajući u sobu svetlost kasnog popodne-
va. On trepnu i ustuknu pred svetlošću dok sam ja, stojeći
u senci, zakopčavao košulju. „Imate dobro srce, pa, čuva-
jte ga", reče. „Izići ću s vama."
   Vezavši oko vrata lagani šal jer u vazduhu se osećala
neka studen on, silazeći, zasta u dnu stepenica i dohvati
me za lakat, gotovo ganuto, i ja se odjednom nekako
raznežih, a on odmahnu glavom, govoreći, „Sve je to
greška, i ništa drugo, a najveći je štos što je možda i sam

život jedna greška, Bog je pogrešio, ništa od ovoga ni na pamet mu nije padalo, ali sve nekako teče sopstvenim tokom, kao onomad moj stočić i radni sto, lepa borovina, pre dvadeset godina kupio sam stare stolice i tako to, polovno, i jednoga dana neki čovek koji mi nikad nije platio lečenje, a bavio se raznoraznim poslovima da namiri dugove, e, on mi reče, „Dok vi ne budete tu, mesje Šole, ja ću srediti nameštaj pa kad se vratite videćete da niste ni znali gde živite." Po travnjacima su bile razbacane mrvice hleba i sivi golubovi kljucali su korice. Na jednoj verandi sušilo se rublje, a dve Crnkinje povezane šarenim maramama skupljale su voće i paradajz što su se rasuli iz pocepanog zembilja. Šole je hodao unutrašnjom stranom pločnika, držeći se zidova. „Tad sam odlazio", nastavi, „na dve nedelje, da pecam, jer jedno mi se mnogo sviđa u ovoj zemlji - tamne vode, u dnu zatona gde je toliko mirno da možete videti prašinu kako lebdi u zraku, i taj čovek reče da će on, dok sam ja odsutan, zguliti debele naslage stare boje pa ću videti kako je drvo lepo, i ja sam dve nedelje presedeo u čamcu po kiši, i kad sam se vratio a ono stolovi i stolice sve navošteni, ko med žuti, ona soba puna drvene starudije izgleda carski, i bio je u pravu, nisam ni znao gde živim, i on mi reče, sav ozaren, srećan, „mesje Šole", reče, „sad vam ovo izgleda baš kao da imate korene"

njeni opruže-ni prsti, naslonjeni na laktove, barataju četkicom, kugli-com od vate glačaju nokte, vrlo je mirna i polugola, s bejzbol-kačketom na glavi, a cipele s visokim potpeticama poređala duž podnice dno zida s jednim uličnim prozo-rom u visini travnjaka, neke cipele skupe a neke od sve-tlucavog satena i napred osute štrasom. „Posmatram gu-bitnike iznutra", priča. „U frizeraju svakodnevno slušam po dvadeset gubitnica, dama pod haubama koje vole da se kockaju, znaš, da se klade s manikirkom koja radi za nekog bukmejkera, jer to je nešto intimno, znaš, kockanje je nešto intimno kao kad se igraš sam sa sobom, sa svakom opkladom, rizikom, uhvati te malo uzbuđenje. Poznavala sam jednu curu koja bi samo prekrstila noge i čvrsto ih stisnula pa bi se sva uspalila i nadigla. Gore-

dole, kao na pokretnim stepenicama. A s Šoleom sam išao ulicom samo zato što nisam imao nikakva posla. Kod kuće nije bilo nikoga. *Da utucaš dosadu. U stvari, „ima li išta dosadnije nego da po ceo dan prekrštaš noge", reče ona duvajući u nokte pod lampom, ruke joj bezmalo muške, ali fino duguljaste i onako osvetljene lepe kao čiste kosti, a ona ih pruža, dlanova okrenutih naviše, raširenih prstiju, „Vidiš, čista sam, nemam šta da krijem", pa se smeje i pljeska rukama, šuplji prasak u beloj odaji. „Ove cipele, znaš" veli, ustajući, „nikad ih ne nosim, čak ni kad plešem, jer volim samo da ih probam. Navučem najlonke, onakve, znaš, skupe, i pojas s halterima, i onda ih obuvam kao da sam muškarac pa klizim pogledom naniže po sebi i gledam se kako probam damske cipele, a dama sam u stvari ja, i od miline se rasturam ja, kako god okreneš super, što je san svakog kockara, sigurno je sigurno, jer ne možeš da izgubiš."*

Mada je stari Šole godinama ovde stanovao, njega kao da niko nije poznavao. On prođe kraj Ramove radnje s karijem i Sam Mijevog Trgovinskog preduzeća, na čijim su zidovima izvešane bile stotine vlasulja i umetaka za kosu. „Bilo kako bilo", reče on kročivši na kolovoz i digavši ruku poput saobraćajca, „pre rata sam radio kao lekar u jednom delu Pariza gde su se nalazile krojačke radnje, siromašne i većinom jevrejske, iako ja nisam Jevrejin, a ordinacija mi je bila na drugom spratu, stepenišna ograda od kovanoga gvožđa, obojena u belo, kao gvozdena čipka, stepenice od mermera a ordinacija sva u mlečnom staklu u koje behu ugravirane maćuhice, kauč tapaciran konjskom dlakom, i prva gola žena koju sam ikad video stajala je u toj mlečnoj svetlosti, potpuno nepomično, a ja sam kružio i kružio oko nje ošamućen od tog crnila između njenih nogu, te dlake nalik korenu tame, a potom, nekoliko godina kasnije, došli su vojnici i saterali u krdo sve Jevreje i mene s njima zajedno, upali su mi pravo u kuću i odvukli me u transport." On me ponovo dohvati za lakat. „Dobar ste slušalac, znate", reče. „Ali nezgoda s dobrim slušaocima je što nikad ne znate da li slušaju." On se nasmeja a ja rekoh, „Šta da vam kažem?" u trenu kad je zakoračio u sivu svetlost restorana Partenon, nastavivši, „Ipak, ja nisam bio Jevrejin, i od besa sam išao sve u krug, poskakujući, kako mogu da naprave takvu grešku, i, prestravljen, rekoh im nek mi skinu gaće pa će videti, a kad oni nisu skidoh ih sam, pružih im kitu, svoje ja kao kakvu žrtvu, moj dokaz", i on sede naslonivši se na zid, licem prema podijumu prostranog praznog restorana. S poprečnih greda nad šankom visili su plastični maslinastozeleni grozdovi i lišće. Džukboks je svirao, a dvojica Indijanaca sa severa sedeli su sami u jednom uglu, besciljno kotrljajući crvenu kockicu po stolnjaku, izvikujući brojeve. „Vidite, gledam unazad", reče, „kao da posmatram jedan dan, u logoru se ništa nije moglo sakriti, mladić i devojka koji vode ljubav a imaju kožu i kosti starih, starih ljudi, izgledaju kao što bi izgledali kad bi poživeli oho-ho, i vode ljubav pomamno, šapućući neprestano reči ljubavi i vodeći ljubav ko ludaci, gotovo se ubijajući jer više ih nikakav život nije čekao, a mi smo ih gledali i znali šta u stvari rade, hteli su što brže da se dotuku, zbog čega smo im na neki način zavideli jer mi nismo imali petlje, no osim ovoga ne sećam se bogzna čega izuzev zvuka teretnih vagona kako klepeću po šinama, to se ne zaboravlja, i dečjih cipelica, gomila i gomila malecnih cipelica, i čoveka kog sam video kad je skliznuo s onoga što smo zvali flauta, to je bila daska s rupama za dupe prebačena preko nužničke jame, pao je u govna i udavio se, grozno, čovek koji guta govna, a kasnije, napolju, kad sam stao na noge, iako sam bio izgubio jedno oko, osećao sam se dobro jer sam ponovo mogao da omirišem duvan na sebi, i kupio sam odelo, dobro odelo, od teškog tvida, mrko ali skroz protkano zelenim nitima tako da je izgledalo takoreći tamnozeleno, i preko onog oka imao sam povez pa bih ponekad uhvatio sebe kako buljim u svoj odraz u izlogu, kao da su izlozi ogledala, i pre no što sam otišao iz Pariza pomislih staviću stakleno oko. Ja sam plavook, ali stavio sam zeleno oko da ide s mojim lepim prazničnim odelom što je izgledalo u redu na neki pogrešan način, kao vic na vic, kao ono kad sam jedno vreme jeo samo košer hranu, da bljutavih li jela, ne-

Jevrejin jevrejskiji od Jevreja, ali sad jedem sve, otpatke, uopšte ne pravim pitanje"
	i otišla je do prozora i ukoračila u purpurne antilopske mokasine, smejući se i paradirajući, a onda se namestila i savila levu nogu kao da je na pozornici, digla bradu, ona puna podsmeha sebi samoj, a soba puna nagosti i tišine, milovanje očima, moj smešak, više joj podrške i ne treba, pa reče kako je i njen otac imao neki svoj san s njom u vezi, „jer on je bio građevinac, i voleo je da bude gazda jer je govorio život je za čvrste tipove, tako je govorio, i neće on da ima nikakve veze s tamo nekim levim smetalima što sanjaju beznačajne snove pa se drže toga. Sklapao je makete aviona, znaš, od papira i balsam-drveta, i leti učestvovao na takmičenjima na ostrvu, trudeći se da pobedi, kladeći se da će pobediti. Uzdao se u sebe. Pare vrte gde burgija neće, a od sranja nema sreće, imao je običaj da kaže. I tako, jednog dana, jedan me pita možemo li da se nađemo, i pre no što sam stigla da odgovorim da ili ne moj stari odvali da njegova ćerka ne izlazi s tamo nekim levim smetalima, pa se sve blesavo smeje sebi i viče, Daj, ne seri, onim momcima, i to je bilo najlepše što mi je otac ikad rekao, pa sede ispruženih nogu, i dalje s bejzbolkačketom na glavi, zureći preda se pa kaže, „Sve ti je to kocka, evo ja, recimo, na šta sam spala. da budem frizerka, a kladim se svaki dan", reče, „Zapanjio bi se koliko se žena svakodnevno odriče hleba da bi im se u životu bar nešto desilo. Zapanjio bi se kad bi znao šta se kuva pod haubama, ali ja gubim kao i svi drugi, izuzev što mi je na kladionici jednom uletela krupna lova pa sam odlučila a u vražju mater, vreme je da se popnem među svet, da se iselim iz te podrumčine i odem prekoputa, na poslednji sprat višespratnice, i pošto sam se dogovorila sa nastojnikom, iznajmim stan, a kao što znaš nameštaja nemam, te nastojnik veli pomoći će mi da prenesem šta već ima da se nosi, a ja znam da se on nada da će se i sam provesti sa mnom, i tako on uzme dušek, za jednoga, znaš, a ja uzmem žičani madrac, taj je ionako lagan ko perce, i tip pređe ulicu a ja sve za njim, i onda me nasred ulice, onako sve s jebenim madracem, opiče kola „Ali eto", reče

Šole, „čak i kad je sve ništa, ono što smo mi zvali ništa, a i to je uprkos svemu, vredelo življenja, eto čak smo se i u logoru kartali, kartali smo se s malim, prljavštinom obeleženim kartama, sve oni jednooki kraljevi i žandari prelazili su iz ruke u ruku, čudo živo, s malo sreće, dobre ili zle, postadosmo ono što smo podelili sebi", i on se osmehnu, prekrstivši koščate noge.

„Hoću da kažem, danas smo tu nas četvorica. Nismo neki naročiti prijatelji, ali nalazimo se u ovome gradu za koji ranije ni čuli nismo, srećni što smo uopšte negde živi, mi, nikovići ni odakle, tri Jevrejina i ja, a šta sam ja? Ništa, a ovo nam je dom, eto, tu se mi kartamo svakog petka uveče s jednim čovekom koji je naš apotekar, u jednoj višespratnici, to je jedan mladi Kinez, vrlo je lepo, sve su sobe bele s belim tepisima, sto okrugao. On igra poker gotovo svake noći, taj Kinez, njima je kockanje izgleda u krvi, a na podu uza zid, s jedne strane stola, pola metra visoko naslagani *Plejboji* i *Penthausi*, svi brojevi deset godina unazad, a uz drugi zid ista stvar, samo što je tamo naslagan časopis *Popularna mehanika*, pa ako vam karte okrenu leđa vi samo odaberete svesku pa prelistavate"*Ona se ljutito nasmeja i, obišavši sto klepećući visokim potpeticama po razglavljenom parketu, natukavši kačket na oči, raširi gole ruke „I pitam ja tebe, neko koga kola opiče dok nosi žičani madrac taj je nadrljao, je l' tako, pale ti dve šestice a ovamo te obaraju kola baš kad furaš s krevetom preko kolovoza, hoću da kažem, to ti je znak, čoveče, te se ja smesta doselih nazad ovamo u podrumče, to jest tu gde živim, čini mi se da tu imam najdublje korene, i od onda se više nisam kockala, jer kad dobiješ znak tu nema zezanja. Nisu višespratnice za mene. I tako, briga mene, sasvim sam u redu, ne pucaju mi nokti, ne puca mi srce, dobra sam igračica a imam i lepe cipele, je l' tako.* Iz kuhinje krupnim koracima iziđe neka mlada devojka, preko golih ramena prebacila kaputić od perlica i kićanki. Šole naruči saganaki i salatu od crnih maslina i luka u ulju. „Znate li kako je teško naći crne maslinke s dobrim začinima?" upita. „Ne", odgovorih, a on će „Kažite A", i nasmeja se. I ja se nasmejah pa otvorih usta. On

odmahnu glavom uz smešak. „Sviđate mi se. Malo ste na-
peti, ali u redu. Vama, vama bi bilo dobro tamo gde sam
ja bio. A i ovde vam je dobro. Šta vas briga. Imate srce
kao konj."

Mali podijum osvetli reflektor, zbog devojke.
Dok je igrala, njena cigareta u pepeljari dogore do filtera.
Nespretno je trupkala sve u krug, sklapajući s vremena na
vreme šake oko dojki, žvaćući gumu. Indijanci se i ne
osvrnuše na nju, nego nastaviše da se smeju, da bacaju
kockicu i izvikuju brojeve. „Ovo ne traje dugo", reče Šole
jedući maslinke i pijuckajući rakiju, i devojka uskoro
iščeze a on reče, „Smešno, iznad ovih radnji i bara su
stanovi, i ako oslušnete, gore se vazda čuje neko dete,
devojčica, trči s kraja na kraj nečega što mora da je
dugačak hodnik. Ne znam zašto sam tako siguran da je
devojčica, jer u stvari me navodi da mislim na mog sina."
Šole pripali Žitan i tutnu pet dolara pod poslužavnik na
stolu, klimnu neobrijanome šankeru i priveza šal *U
otvorenim vratima, ruku prekrštenih ispod dojki oblivenih
svetlošću, ona kaže „Znaš šta je zgodno, većina frajera
kad se prvi put nađeš s njima sve što znaju to je da
žvalave o sebi, je l' tako? ali kod tebe nema žvalavljen-
ja."* „A možda nemam šta da kažem", rekoh, a ona će,
*„Možda nemaš, ali baš zato sam poželela da se pred
tobom što pre svučem, to kao malo uzdarje, znaš, jer ako
neki put nemaš šta da kažeš to ne znači da moraš da foli-
raš i pričaš bilo šta."* Ruka joj ispružena, dirljiva,
*čežnjiva. „Moj broj imaš, je l' tako, ako hoćeš da se javiš,
javi se, a ja, znaš šta, odoh da se obučem, navući ću
pidžamu i otići u krevet i bogovski se ispavati, a zah-
valjujući tebi baš mi je dobro", u rano jutro zatvorim
vrata, izlazim na ulicu, magla se vuče po zemlji, jeka
zvona na gradskoj većnici a u vazduhu blaži vlažna
svežina, stižem kući, tražim neki tračak svetlosti.*

Ulicom sevnu neonski znak. „I tako, sedimo mi tamo,
znate", priča Šole idući prema kamenoj kapiji, „ svuda
oko nas magazini, motori, genitalije, a nas četvorica stara-
ca delimo karte posred tog velikog nigde i jedino što nam
je zajedničko jesu brojevi, koji nas čine međusobno

bližima no što su ljudi obično bliski, brojevi koji su sve i ništa istetovirano na rukama, i prošlog petka igrali smo do pet ujutru kad neko reče ovo je poslednja ruka kao poslednja šansa u životu te se svi ulozi udvostručuju i veli taj, znate šta, da igramo s našim brojevima, kao oni tipovi po pivnicama što igraju šlage s dolarskim novčanicama pa sparuju brojeve na njima, a mi se malo smejemo ali u te sitne sate sve izgleda kao dobar štos, te mi krenemo, nas četvorica, nikakve nam karte ne trebaju, e, al' sad otpada naš prijatelj Kinez i sav se ukiselio jer nije dobio priliku da povrati ono što je izgubio, i sa svakim pozivom love sve više i na kraju se nakupila dobra para, i tako sedimo mi i gledamo se u oči, ukočeni u belim košuljama, još uvek zakopčanih rukava, položili dlanove na sto, a Kinez veli, pa lepo, pokažite šta imate, na šta Jakob kaže da nema laganja kad su neke tajne u pitanju pa objavi dva para, šestice i osmice, ali kako ispade, dva para i Avromove tri trojke nisu dosta jer ja imam tri devetke s četvorkom i peticom, pa mi Avrom kaže gurajući mi svu lovu, smešeći se, Šole, veli, ti si srećni dobitnik, a ja kažem, da, srce mi tuče, da, te svi kao i uvek obukosmo kapute na vratima, smejući se i odosmo kući kroz mrak.

Ho-
dajući kroz park, noć maglovita, u lišću brestova ulične svetiljke, ni u jednoj kući u ulici nikakve svetlosti osim na prozoru moje verande od stojeće lampe a kod mene niko-ga u pustoj kući i u mraku, stojeći u žbunju vrta, odjed-nom ugledah sebe u prozoru, mirnog ali povijenog a srce mi lupa, buljim u svoj odraz, a ona veli hvala jer joj ništa nisam govorio i jer sam vodio ljubav s njom, što nije bilo ništa ali mnogo za nju, i pitam se šta sam Šoleu i mogao reći do ništa.

MRAČNI SMEH

Bilo je kasno poslepodne, oblačno. Pod svetlošću što se probijala kroz obojenu staklenu tavanicu sale sa skulpturama nazirali su se, slični koskama i očnim dupljama koje je izdubio vetar, veliki gipsani odlivci Henrija Mura. Sa zasvođenoga ulaza čuvar je posmatrao dva čoveka kako, ruku pod ruku, koračaju bez žurbe. Izgledali su kao stari prijatelji, iako su se upoznali tek tog popodneva pored jednog opruženog akta širokih bokova i loptaste glave. Hodali su odmereno, dugo ćuteći, pomalo se snebivajući, ali ukorak. Tu i tamo zastali bi, zagledali se u pokoji veliki beli gipsani odlivak, i stariji primeti: „Ovo je pustinjski štos, ja pustinju nisam video, ali tipu koji je ovo napravio kroz glavu je duvao pustinjski vetar." Osmehnu se, gnječeći dlan kao da ga tišti neka stara rana. Izgledalo je da se pribojava nečega, a ipak se neprestano smeškao. „Umirem", reče. „Neki odlaze brzo a ja, eto, odlazim polako, ljudska sudbina, i to ti je."

Mlađi, čovek uskih, povijenih ramena, uzvrati: „Hoćete da kažete ozbiljno ste bolesni?" Privukavši mladoga čoveka stari odvali, a dah mu beše malo nakiseo: „Je l' ti ličim na bolesnika? Da čovek dobije malo boje dosta mu je da ga štipnu po obrazu", i, nasmejavši se, iz čista mira nestašno štipnu mladoga čoveka govoreći, „Momče, momče, šta si pomislio kad si me spazio kako ti prilazim?"

„Ništa" reče mlađi ratoborno, ne znajući šta da misli o tome tipu koji mu se obraća tako prisno kao da veruje da imaju nečeg zajedničkog.

„Ništa?, Kako možeš ništa da ne pomisliš kad se neko upilji u tebe?"

„Pojma nemam, pomislio sam naprosto ovaj mi prilazi, a ja ne bežim ni od čega. Nit sam kad bežao, niti ću kad bežati."

„Sad ozbiljno. Čime se baviš?"

„Držim otpad."

„Šta?"

„Kola. Kamioni. Pravi otpad, znate, mesto na koje se odnose stara kola."

„Otpad. A dolaziš ovamo?" Stariji se smeškao.

„Što da ne", odvrati mlađi, malčice povređen. „Tu mi je prijatno, sviđa mi se sva ova belina, i te stvari što liče na uvećane ptičje kosti."

„Ptičje? Meni izgledaju kao kravlje ili konjske."

„Ja poznajem samo ptičje. Tamanim ptice."

Trljajući dlan stari čovek se na tren zagleda u otvorenu šaku, pa pokaza visoki beli totemski kip. „Kao da ima kondom", reče.

„Šta?"

„Liči na gipsani odlivak ogromnog penisa na koji je navučen kondom. Uzgred budi rečeno, gde to čovek kao što si ti tamani ptice?"

„Na otpadu. Gde drugde? Samo, ne tamanim ih više."

„Zašto?"

„Shvatile su, pretpostavljam, ili su ih možda zastrašili svi oni malecni kosturi što su ležali na sve strane, pa su otišle." Čuvar je stajao polusklopljenih očiju, gotovo usnuo, kad odjednom, kao da nešto vreba, na oprezu, otvori oči i brzo pogleda uokolo, mrzovoljan i bez osmeha.

„I onda?" upita stariji čovek.

„Šta i onda?"

„Zašto si tamanio ptice, otkud ti želja da tamaniš ptice?"

„Nije želja, samo sam pucao na njih, to je sve. Sedeo bih na suncu, posao mi nikakav, a sunce tako lepo odsijava sa radkapni i branika, i vlada tišina, ja to volim, a onda bi, iz čista mira, doletele graktave vrane i čvorci i srale po svemu, i ja sam ih natenane upucavao jer ono što najviše volim – to je tišina, i kad se čuje samo vetar, a još je bolje kad ni vetra nema, jedino što se može čuti muva, tamo vazda zuji poneka muva." Govorio je glasno, iz puna grla, te čuvar u tri krupna koraka pređe u salu, šišteći na njih i mlatarajući rukama. Stariji čovek upita smešeći se: „Kako se zoveš?"

„Avelj", odgovori mlađi pružajući ruku.

„Avelj, stvarno?"

„Očeva šala. Otac mi je šaljivdžija koji se nikad ne smeje. On se zove Adam, pa je meni dao ime Avelj." Stariji ga ponovo uze pod ruku te krenuše. Sa prozora na tavanici svetlost beše iščezla.

„A ko je Kain?" upita stariji čovek.

„Kain? Otkud znam? Ceo svet. Brata ionako nemam. Kako je vama ime?"

„Luter."

„A prezime?"

„Stol."

„I šta vi, Lutere Stolu, radite kad ne piljite u ljude po umetničkim galerijama?"

„Ja sam bio pajkan. Do pre nekoliko godina."

„Pajkan. Izbacili vas?"

„Ne, ne. Ni govora."

„Sami ste otišli?"

„Ne. Naprosto sam rešio da više ni s kim ne razgovaram."

„Tek tako?"

„Tako nekako", reče stariji i uvuče glavu u ramena, pokretom gotovo stidljivim, kao da će saopštiti neku sramnu tajnu o sebi. „Bio sam plivač, znaš, hoću da kažem istinski prvak u plivanju na policijskim igrama, mogao sam da ostanem duže pod vodom i da plivam dalje no što je iko pretpostavljao. Imao sam običaj da pauzu za ručak provodim plivajući pod vodom, ponekad sam i plutao zatvorenih očiju kao da me struja nosi ni sam ne znam kuda. Oduvek sam u tišini imao taj osećaj, samo što to nije istinska tišina, znaš, već više kao kakva nečujna muzika kad bi muzika mogla biti nečujna, to osećanje da idem nekuda, i jednog sam dana otvorio oči i počeo da zurim u jedno od onih velikih podvodnih okruglih svetala u zidu, veliko oko svetlosti probolo me je, i ja sam zurio u njega ruku pritisnutih uza zid, i ništa nisam mogao da vidim, i ništa nisam imao da kažem, te sam naprosto seo i više ni reč nisam izustio."

„Koliko dugo?"

„Gotovo dve godine."

„Gospode Bože. Kako ste izdržali?"

„Valjda si ti taj koji je lud za tišinom", uzvrati Luter.

„Jesam, ali ja moram da čujem bar sopstveni glas. Hoću da kažem, ponekad ujutru ustanem i kažem bogovsko jutro, i osećam se dobro jer čujem sebe gde kažem bogovsko jutro."

„Hm, istina, ponekad sam se smejao."

„A, tako. Pa, i to je nešto", reče Avelj i dlanovima zagladi kosu ravno preko ušiju.

„To je sve", naglasi Luter. „Kad sam bio sam, sedeo bih na verandi i slušao sebe kako se smejem."

„Čemu ste se smejali?"

„Nisam se smejao nečemu, nego nekome."

„Dobro. Kome?"

„Bogu", odgovori čovek, iznenada ponovo uštinuvši Avelja za obraz. „Eto, mali štip i da vidiš kako zdravo izgledaš."

„De, okanite me se", reče Avelj sramežljivo se smejući. „Kakve veze, do đavola, ima Bog s time?"

„Ima sve veze. To sam bar naučio kao pajkan. Pokušaj da se nasmeješ pajkanu kad stavi šapu na tebe i odmah će ti biti jasno šta bi ti on najradije napravio. Najradije bi te ubio. Ali, ti mu se smeješ, i on ne može ništa. Protiv smeha nema zakona. To ti je jedina osveta."

„Vi se ne smejete", primeti Avelj. „Ne čujem vas da se smejete."

„Teško je sam se smejati", odvati Luter, i zastade na tren pored neke skulpture toliko uglačane da se takoreći caklila, a oko njenog belog tela obavijale su se niti bele vrpce. „Znaš šta mislim kad ovo vidim, biće ti smešno, mene ovo podseća na gips što se stavlja na slomljenu ruku, umotanu kao što kasapin umotava meso. Čini mi se da se unutra nalazi velika plećka crvenog, živog mesa koje zarašćuje, pa će jednoga dana skinuti gips sa njega."

48

„Nije mi smešno."

„Nije?"

„Nije."

Luter ponovo uze Avelja pod ruku i privuče ga. „Slušaj", reče, „jednom sam, prvi put posle dve godine, krenuo u šetnju i zastao na okuci, toliko opčinjen kolima da sam sišao na kolovoz i bio oboren, pružio se kao proštac, a pop iz neke crkve čuo je dreku i dotrčao." Luter steže Aveljevu ruku i nastavi: „Ležim ti ja tamo kao pod vodom, tako sam se osećao, sve čujem napola, jedino što sam nekako znao da je sa mnom sve u redu, i otvorim oči a onaj pop iznad mene veli, „Veruješ li u Boga Oca, Boga Sina i Boga Svetoga Duha?" i iz mesta sam pouzdano znao da se neće nasmejati kad mu budem odgovorio, „Ja umirem a vi mi zadajete zagonetke."

Avelj se zagrcnu od praštavog smeha i Luter, kao da mu je laknulo, kao da je potvrđeno njegovo viđenje sveta, pljesnu rukama i pljesak odjeknu u praznoj sali, i uglas su se smejali dok je Luter govorio, „Gledao sam tog matorog popa u očima ima vrlo čudan izraz, kao neki ljudi, znaš već, kad zapadnu u nemaštinu, ostanu švorc a potiču iz porodica u kojima je bilo love, e, on je imao taj zbunjeni, žalostivi izraz i ja pomislih, gospode Bože, čoveče, pa ti si usamljeniji nego što sam ja ikad bio, i onda naprosto odoh smejući se kao lud."

Sikćući „Tišina!" čuvar im priđe krupnim koracima i povika: „Mir. Nije dozvoljeno larmati."

„Mi se samo smejemo", reče Luter.

„Smejte se tiho. Ovo je javno mesto", uzvrati čuvar strogo.

„Ja sam bolestan, život čili iz mene, a vi sa mnom tako razgovarate", otfrknu Luter, i uz osmeh poče da gurka Avelja u lakat vodeći ga prema zasvođenome izlazu, pa pozva: „Hajde, Avelje, ionako zatvaraju, malo ćemo popričati u mraku, napolju je, znaš, mrak, sunce je zašlo." Iziđoše, smejući se tiho, za sebe, bok uz bok, kao da su stari prijatelji.

IZVOR – VODA

Bio jednom jedan stari sveštenik koji je živeo mirnim životom. Svakog jutra bi za sporednim oltarom svoje crkve odslužio misu, a potom čitao krimić, uzimao lagani obed i odlazio u šetnju. Bio je u penziji, i uvek je navraćao starim prijateljima da popriča s njima ali, mada je bio posebno odan Blagoslovenoj Devici, o veri nije mnogo govorio.

Iako je bio okretan za čoveka dobrano zašlog u sedamdesete, nije imao poverenja u ljude koji žure. „Tačnost je", govorio bi, „za one koji se dosađuju. To im dođe kao posebna vrlina. Što se mene tiče, uvek malo otežem sa služenjem mise. Tako i oni što kasne stignu na vreme." Bio je, međutim, vrlo pedantan u oblačenju, i uvek je nosio dobro ispeglano odelo i visoki tvrdi staromodni okovratnik, pseću ogrlicu kako mu je tepao, pa bi nastavio, „Primetio sam da su momci što nose košulje s mašnom isti oni tipovi što se posvećuju sociologiji i statistici i smatraju da je šik nositi bele čarape s crnim odelom." Nije mu se sviđalo ni kako se odevaju opatice. Uopšte ne shvatam kako to misle da će tako bezbojno i jednolično odevene, ako malo otkriju gležanj, više biti žene od ovoga sveta. Od ovoga sveta, to da. Žene, ne. Ali šta pa ja znam o ženskoj taštini, a? Samo sam pedeset godina slušao ispovesti." Smejao se spokojno, kao da se šala odnosi na njega.

Voleo je da hoda, i da priča u hodu. „To oslobađa telo, zar ne primećuješ, i oslobađa duh. Razmišljaš u skladu sa samim sobom, jedino što su ovih dana ulice pune džogera, razmileli se na sve strane a oni su smrknuti.

Primetio si kako smrknuto izgledaju? Ljudi koji jure uvek izgledaju smrknuto, a ponekad ih zamišljam u postelji, znaš, sa suprugama im, i tad ne vode ljubav nego samo džogiraju u krevetu." Nasmešio se, zadovoljan što se dotakao male istine dok je stajao u bočnom brodu crkve Svetoga Pavla u ulici Pauer štiteći oči od svetlosti koja se probija kroz obojena stakla. Bila je to najstarija parohija u gradu, ali sad je imala malo parohijana zato što se crkva u romaničkom stilu od crvene opeke našla okružena malim stovarištima, i kroz oltarski prozor na istočnoj strani video se samo priključak na autostradu, a u njegovom podnožju – policijska kola s radarom. Govorio je da je crkva prelepa. „Bio sam u pravu, a, samo što su je uprskali tim novim oltarom. Stari je bio lepota upisana i, slušaj me dobro, pre mnogo godina dogodilo mi se nešto suludo." Brzo se osvrnuo oko sebe. Crkva je bila prazna. „Ušao jedan čovek, oborene glave, noseći neku granu, granu s drveta, kao slovo Y, znaš već. I počeo je da se muva gore-dole po crkvi s rašljama postavljenim da mu štrče pravo iz trbuha, laktova priljubljenih uz rebra, i smesta sam shvatio da baje tražeći vodu. Bio je vrač, rašljar, i nek me đavo nosi ako taj štap nije sunuo naniže tačno kod ograde oltara, pa dalje pod uglom do stanice gde je Hristos pao po treći put, mora da je tačno ispod tekao neki podzemni potok, šta li."

Šetali smo po kasnopopodnevnom suncu pored radnji s polovnom robom, čistionica i obućarnica. „Obratio sam mu se, znaš, i pitao ga šta traži, a on me je pogledao čudno, zbunjeno, shvataš, kao da procenjuje može li mi verovati, pa mi odgovorio kao da je to nešto najispravnije na svetu, 'Ovo je s jabuke mog oca, posadio ju je one godine kad sam se ja rodio, i bolje je od vrbe, vrba je korov', te dodao da se moli samo tamo gde ima dokaza, upitah ga kakvog dokaza, a on se nasmeši i odgovori, 'Za vodu, samo tamo gde ima izvor-vode, tamo se molim.'"

Hodali smo ulicom Mjučuel blizu terena za vožnju na koturaljkama, na putu za poslastičarnicu „Dajana" gde je on uvek naručivao porciju sladoleda od čokolade. Rekoh mu da sam baš tu upoznao svog bukmejkera, jer i on je

voleo sladoled. „Da, da", na to će stari sveštenik." Čudo
jedno kako smo svi povezani, i šta nas sve povezuje. Por-
cijica sladoleda, rečca u pomrčini." Objasni da je tokom
godina navikao da u mračnoj ispovedaonici sluša uzne-
mirene, od tela odvojene glasove, glasove koji su do
njega dopirali kroz pregradu, „Pravo iz srca i nezbunjeni
zato što ljudi mene ne mogu videti, jasno, a jednog dana
neka je žena prošaputala, 'Mislite li da sam rekla celu
istinu, Oče?', a ja joj odgovorih 'Pomislite na Boga kako
vas sluša, kako je naćulio uho, i samo On želi da čuje vaš
glas, jer Boga ubija ćutanje', a to ju je iznenadilo, reko
bih, te zato upita,'Ubilo, Oče?' na šta ja, jasno, rekoh da
se to samo tako kaže."

Ispred nas je išla neka sredovečna žena s proređenom,
skoro kao šećerna vuna tankom obojenom kosom. Nosila
je tokicu s velom. Nešto je računala na džepnom kalkula-
toru, kljucajući prstom po tipkama. „Mrzim muve", pro-
gunđa dok smo prolazili. „Mrzim leto jer mrzim muve."
Stari sveštenik klimnu glavom i reče, „Sve će se to sredi-
ti, samo treba vremena", pa zađosmo za ugao, prema
glavnoj zgradi federalne policije, sivim zdepastim kulama
od neobrađenog betona, i njemu preko lica pređe kiseli
izraz. „Ne znam, ne znam", reče. „Možda ja tome prida-
jem previše značaja, ali za mene je svaka zgrada kao
čovekovo najbolje odelo. Uvek sam se nelagodno osećao
s ljudima koji nose leptir-mašne i dvobojne cipele. Time
mi saopštavaju nešto o sebi, a kad vidim ovakvu zgradu
nastojim da je prihvatim takvu kakva je, da prihvatim to
što pokušava da mi kaže, a ovo je zgrada koja nikome ne
veruje, a ja ne verujem onome ko nikome ne veruje."

„Lepo bogami", uzvratih kroz smeh, „da jedan sve-
štenik tako govori o policiji."

„Pa, pravo da ti kažem, policija je za mene uvek bila
nešto mutno. Shvatam da čovek postane lopov ili pro-
davac automobila, ili okorela lenčuga, čak i sveštenik, ali
ne shvatam zašto bi bio policajac. Sveštenik se, na kraju
krajeva, ako iole nešto valja u svom poslu i ako nije tik-
van, zauzima za praštanje. Ali policajac, ako iole nešto
valja, uvek trpa čoveka iza brave. Kažnjavanja, manj ako
se grdno ne varam, kažnjavanja mora biti i tačka, kao i

ljudi koji izvršavaju kaznu, ali ja naprosto ne shvatam čoveka koji tome hoće da posveti život. Takvo htenje mi je zagonetno."

U Dajaninoj poslastičarnici žene su stajale u redu, po jedna, po dve, u svakoj ruci im zembilji i zavežljaji, a i sam šank izgledao je kao red, žene i po koji usamljeni muškarac, svi sede i gledaju preda se, zadubljeni u sopstvene misli, lagano uvrću salvete ili razgledaju otisak ruža za usne na cigareti. Ugledavši staroga sveštenika, jedna žena u maslinastozelenom štofanom kaputu s okovratnikom od lisičjega krzna s lisičjom glavom na kojoj su mrtve staklene oči zurile preko njenog ramena, poče se okretati i vrpoljiti, bacajući na njega ljutite i zlovoljne poglede, neka nemila uspomena odjednom je živnula u njoj, i čim smo se smestili za šank ona iziđe, prikupivši svoje pakete. On kao da je nije primetio.

„Znaš", reče, „svi se otkrivamo na čudne načine, kad govorimo o policiji, mislim. Ima jedan čovek, Kej, on je penzionisani policajac, sad mu je oko sedamdeset, i u novinama vazda pišu o njemu, o tome kako čiča ostaje u tako fantastičnoj formi. Sigurno si ga video. Pretiče me na ulici po celome gradu, brzi hodač, i njegovo kretanje, znaš ono, prvo stane na pete pa na tabane i prste, očarava me. Skroz trapavo, a ipak sa sopstvenim ritmom, piči ulicama držeći se te svoje tehnike kao kakve droge, a to je zapravo disciplina, jer ne smeš da pogrešiš, ne smeš da poremetiš korak, a sećam se, kad sam ja bio dečak a ovo malešni metodistički gradić, priređivali su masovne trke u brzom hodanju, stotine ljudi kretale su kao navijene mehaničke patke, i taj čovek, Kej, ima onaj zračeći, staklasti pogled, kao da je video Boga, a ipak znaš da je video samo vetar." On kašičicom pokupi ostatak tamnog sladoleda od čokolade iz srebrne porcijice. „Ne znam zašto, ali meni taj Kej izgleda kao savršeni glasnik kog je policija poslala među nas."

Pomalo razbarušeni čovek tridesetih godina, bolesnožućkast ispod očiju, strnjikave brade, provuče se postrance između nas i prisno reče svešteniku, „Odavno se nismo videli, Oče, odavno." Smešeći se bolećivo, ali ipak s izvesnim lukavim samopouzdanjem, on iz džepa izvuče malu kvadratnu sliku Isusa. Bila je to debela plastična slika Svetog srca. Uglavi je u dlan te se razmaha njome između nas, govoreći, „Je l' vidite, oka s vas ne skida, oči se kreću, nikad nisam izvan domašaja pogleda Gospodnjeg, Oče." Ponovo se osmehnu, stari sveštenik, izvadivši ruku iz džepa sakoa, uturi izgužvanu dolarsku novčanicu u slobodnu mladićevu šaku. „Hvala vam, Oče, hvala. Bog će vas blagosloviti, videćete." I brzo iziđe.

„Znate ga odranije?" upitah.

„Ma ne, nisam ga nikad video."

„Hoćete da kažete da vam je ižicario onaj dolar?"

„Pa, moraš priznati, dobro se spremio, pokretne oči Gospodnje, nije loše", i tako se glasno i otvoreno nasmeja da ga nekoliko žena za šankom zbunjeno pogledaše. On dodirnu usne papirnom salvetom pa izvuče manžete košulje, uske bele ivice kao da su privukle svu svetlost na njegova doručja, te su se načinili krugovi svetlosti slični rubu beline oko njegovog vrata.

Platismo i iziđosmo u ulicu Jong. On zasta zagledavši se u novi centar Iton, veliko pokriveno šetalište s trgovima, spoljni mu zidovi od cevi i vodovoda, sve vidljivo, i od neobrađenih betonskih blokova. „Smešno", reče, „kako smo od izvrtanja svega naopačke napravili vrlinu. I ulica Albert je takođe nestala. Nekad je tamo bila uličica, tamo gde je ulaz u metro. Pre mnogo godina na tom su se uglu ulični propovednici upinjali da nadviču jedan drugog, i sećam se jednog, prilično sam ga dobro poznavao, jednom stranom usta žvakao je duvan a drugom propovedao o Gospodu, a slušaoci su morali da mu ostave praznu traku za pljuvanje, i on bi pljuvao i urlao,'Pljujem na Sotonu', vrlo dobro znajući da je duvan porok baš kao i piće, ali to kao da mu nije smetalo. Bio je igrač bejzbola, znaš. I neprestano je žvakao duvan."

Nastavili smo ulicom Jong, ne žureći. Mlade bledolike devojke u kaputima prebačenim preko ramena i ruku prekrštenih na grudima hitale su od striptiz-bara do striptiz-bara. Primetio ih je, ali ništa nije rekao. „Da li si nekad razmišljao o bejzbolu?" upita. „Igrao si, zar ne?"

„Kako to mislite - razmišljao o bezbolu?"

„Pa, to nije timski sport, znaš."

„Zar nije?"

„Ne, uopšte nije", osmehnu se on zamišljeno, „nikad ništa nije ono što izgleda da jeste. To je igra jedan-na-jednoga, shvataš. Svako bacačevo bacanje je borba dva čoveka, a onda udarač raspaljuje loptu i odjednom se pretvara u trkača koji se trudi da stigne pre onoga koji ga zaustavlja ispruženom rukom. I sve je tako, razdvojeni trenuci, jedan na jednoga, kao čovek sa svojim Bogom. Meditativna igra, znaš. Zar nisi primetio kako na bejzbol-utakmicama uvek ima mnogo sveštenika, ono slobodno vreme između svake igre dođe im zgodno za umovanje, a brojanje postotaka koje je postigao svaki igrač – kao brojanje anđela na glavi čiode? Divno je, igati tako otvoreno a opet sa sopstvenom logikom. A ako hoćeš da teraš do kraja, onda kapiteni, oni su skroz-naskroz konzervativni, sve sami kardinali, Kurija, shvataš, to s onim što se meni sviđa blage veze nema, taj visokoparni moralni ton čoveka koji komanduje paradom."

Popodnevna svetlost je utrnula. Na ulazu u jednu zatvorenu radnju s odelima pevala su dva mlada ulična svirača, jedan je pratio na gitari a drugi u ritmu preskakao srebrno obojeni konopac, izvodeći prelaze i dvostruke doskoke. Izgledalo je da se kriju i nečeg pribojavaju tamo u senci, kao da su pripravni da zbrišu, jer policija je uvek terala ulične svirače iz ulaza u radnje. Poslovni ljudi su tvrdili da ovi nanose štetu poslovima. Ali stari sveštenik zastade i poče ih slušati, i dalje tiho pričajući. „A onda, znaš, kod bejzbola je divno to što malo-malo pa naiđe neki momak kao onaj Fridrih, mladi bacač za Detroit, znaš, a on priča s loptom, i priča s travom, i leže pa jede ʒemlju na bacačevom uzdignuću, sveta čarobna luda čija e lopta toliko brza da je niko ne može udariti, a ništa ti uh ne obuzima toliko kao sveta luda, kao svetac. Znaš, ve radi skroz pogrešno, otkačen je, ali ima ono nešto."

Stajao je slušajući mladiće, cereći se od uha do uha, pa ı i zapljeska, zadovoljan i malčice uzbuđen zbog sop-ʒenog poimanja sveta, a potom napravi korak napred i pokloni se pred mladićima, iznad crnog filcanog šešira na ulazu u radnju, i spusti u nj dolar. „Vrlo dobro, momci", reče. „Hvala, Oče", doviknu igrač koji je preskakao srebrni konopac, a stari sveštenik prommlja udaljavajući se, „Srebrni konopac, e to im je dobro, to još nisam video."

Sunce je zalazilo i sve neonske svetiljke zatreperiše. Odjednom je zahladnelo, i ja podigoh okovratnik kaputa i rekoh, „Ne razumem."

„Šta ne razumeš?"

„Vas, to kako se palite na onog žicaroša, i one klince."

„O", odvrati on, odjednom se malo zastidevši. Potom me ovlaš dotače po rukavu i reče, „Izvor-voda, razumeš. Samo tamo gde ima izvor-vode."

MIŠIĆ

Livio je kasnio u školu zbog jutarnje šetnje u koju je pošao bio s ocem, dugo su šetali, a pred Setimiovim kafićem, u čijem su se izlogu nalazili hromirani aparati za espreso, otac je navalio da sednu za jedan mali sto pod venjakom i popiju po naprstak dobre jake kafe, pa se nasmešio i potapšao Livija po ruci kao da su još u selu, u stara vremena bleštavobele jutarnje sunčeve svetlosti. Potom pohitaše ulicom do neugledne škole od crvene opeke, i na školskoj kapiji otac mu reče, „Slušaj, Livio, uvek slušaj učitelja."

Njegov otac je bio kamenorezac u bregovima oko Taormine, i voleo je kamen, i način na koji kamen hvata i zadržava svetlost, kako je govorio, kao sam život, sav išaran, a ipak je umeo biti i mrtav teret, bezmalo isto tako težak kao mrtvo telo, jedino što kamen nikad ne spava, govorio je, premda se istinska tajna kamena, kao onoga koji je izrezao bio za seosku česmu, čuje kad prineseš kamen uhu. Ako bi se pomno slušalo, mogla se čuti voda, voda zarobljena u kamenu, i Livio se vazda pitao zašto su seljani sedeli izpruženih nogu a zgrbljeni uz kamen, nikad ne slušajući, čak ni jedan drugoga, dok su se smejali i šalili i u predvečerje se spokojno nalivali crnim vinom.

Stigavši do učionice, Livio se zadrža iza vrata, ne zato što je malo zakasnio, nego zato što je gospodin Bil, nastavnik istorije, uvek u njemu izazivao osećaj da je sitan i beznačajan, osećaj da je stranac koji nikad ne može biti deo ovog novog sveta. Tešilo ga je, međutim, to što je znao da su se svi učenici osećali beznačajnima kad je predavao gospodin Bil.

Gospodin Bil je upravo govorio o Rimu. Beše to visok i nonšalantan čovek samopouzdana izgleda koji je skupljao starinske staklene boce, i ponekad ih donosio u učionicu da pokaže đacima kako su se usled nečistoće u nekad prozirnome staklu stvorile prelepe čipkaste obezbojene mrlje. Rado je lagano koračao tamo-amo u odelu od tvida, rasplinuto i autoritativno pričajući o istoriji, a ponekad bi raskrilio svoje dugačke ruke kao da učenicima nudi svu mudrost ovoga sveta.

Livio se nadao da će se ušunjati u učionicu a da ga gospodin Bil ne primeti. Priželjkivao je da ga gospodin Bil više nikad ne primeti, jer kad je onomad zakasnio gospodin Bil je zajedljivo rekao, „Odakle si ti?" kao da ga nikad dotad nije video. „Ti nisi ovdašnji, je l' tako? Ah, jesi, jesi, odista verujem da i to može da se desi", i svi su se učenici smejali, a kasnije, između časova, dobacivali su mu, „Odakle zi, mali Livio?"

Ali, i suviše je dugo oklevao na vratima, i gospodin Bil ga spazi i povika, „Ulazi, ulazi, među prijateljima si", a neko u poslednjoj klupi zakikota se dok je Livio sedao, uvlačeći glavu u ramena, slušajući gospodin – Bila koji se odjednom stvorio stojeći u svetlosti ispred velikog prozora, šireći ruke.

„Livio, ti bi ovo trebalo da znaš, kladim se da ti znaš sve o Rimu i Kartagini, je l' da? E sad, važno pitanje glasi: da li su Rimljani pogrešili, da li je uništenje Kartagine bilo greška?"

Livio ga pogleda u čudu, razrogačivši oči, odmahujući glavom.

„Kartagina", suvo ponovi gospodin Bil.

„Da", odgovori Livio.

„Delenda est Carthago", reče gospodin Bil.

„Da."

„Je li to bila greška, a? Da li im je išlo u korist da zauvek istrebe neprijatelja?"

„Ne, Kartagina ne greška", odgovori Livio smešeći se.

„Pogrešno", odvrati gospodin Bil okrenuvši se. „Te stvari uvek izgledaju vrlo proste, ali život je složen, momci", pa se ponovo na tren okrete Liviju usiljeno mu se smešeći, i nastavi da objašnjava kako je trebalo da se Rimljani nagode s Kartaginjanima isto onako kao što su se Amerikanci posle rata sporazumeli s Nemačkom. „Jer, iz kamena ne možeš izvući krv. Treba da udesiš da ti neprijatelj postane dužnik, da od njega napraviš zahvalnog ortaka, jer ne možeš se prehraniti ako si okružen narodom koji ti je sasvim stran, što se na kraju dogodilo Rimljanima, a što u svojim knjigama nećete naći", reče. Čas beše završen. Gospodin Bil je izgledao zadovoljan sobom.

Svakoga dana postavljao je Liviju slična teška pitanja, a Livio bi ponekad samo zurio ništa ne govoreći, ne znajući tačno šta se to zbiva. Jednoga dana gospodin Bil reče šireći ruke, „Livio, ti pazi-pazi, ti uvek slusas, ti mora slusas", i dečaci prsnuše u gromoglasan smeh. Gospodin Bil se isceri i, idući prema tabli, potapša jednog nasmejanog dečaka po leđima.

Livio je sedeo i trljao zglavke na prstima, no utom pomisli na oca koji više nije bio kamenorezac, nego samo zidar iz korena iščupan iz sela koje su Amerikaci za vreme rata bombardovali pa ostavili razrušeno i opustelo, i koji sad živi sa ženom i sinom u vlažnom podrumskom stanu, polaže cigle i radi kao nadničar, i nikad se ne žali. Kad je gospodin Bil prošao pored njega i potapšao ga po ramenu, rekavši, „Dobro guraš, Livio, svaki dan sve bolje", on osta da sedi utonuvši u muk, zbunjen i srdit, sećajući se malog mutavca s kojim su svi u selu terali šegu, a otac mu je govorio da negde duboko u dečaku postoje glasovi, te da samo treba da otvori dečakova usta i prisloni uho pa će ih čuti, čuće čudne dedove kako šapuću iz davnina, i jednog dana Livio silom otvori usta preplašenog dečaka i upilji se u mračnu zjapeću rupu iz koje je toliko bazdelo da se okrenuo, začuđen što su dečaku grunule suze a usta mu ostala otvorena, i sad se Livio, dok je vrlo uspravljen sedeo u svojoj klupi, poboja da bi gospodin Bil mogao doći i silom mu otvoriti usta. Sklopivši oči Livio otplovi u san o seoskim večerima i o malome triku s mišićem na doručju kojim je zabavljao oca i ljude oko česme.

Jednog popodneva Livio zavrnu rukav i napipa dve male tetive na desnom doručju, pa stavi na njih novčić od 25 centi, i steže pesnicu lagano uvrćući doručje. Tetive se zategnuše a jedan mali mišić odskoči, i novčić polete uvis, okrete se i savršeno slete Liviju na koren šake. Livio se osmehnu. Dečak koji je sedeo iza njega munu ga i reče, „Ej, 'ajde opet." Livio odmahnu glavom. „'Ajde, 'oću da vidim još jednom."

Livio položi novčić na tetive, steže pesnicu i okrete doručje, a dečak se nagnu napred. Osetivši iznenadnu lagodnost, Livio se, kad je novčić odskočio uvis, nasmeja zajedno s dečakom.

„Šta se to tamo dešava?"

Livio se sav skupi, ali dečak se izvi u prolaz između klupa i reče, „Livio zna jedan trik, gospodine."

„Livio zna jedan trik. Kakav trik?"

Gospodin Bil im priđe zakopčavajući sako.

„Da vidim taj tvoj trik, Livio."

Livio odmahnu glavom.

„Ta 'ajde, mi zmo prijatelji, mi mora vidimo zve sto ti umes radis."

Gospodin Bil se okrete razredu. „Je l' tako, učenici?"

Dečaci povikaše da, a onaj dečak otpozadi gurnu Livija. „'Ajde, pokaži im."

Livio pogleda naviše i vide gospodin – Bila, ravnodušnog, gladi grlo, usko mu lice osvetljeno svetlošću velikog prozora, i gospodin Bil reče tiho, gotovo blago, „Pokazaćeš nam svoj mali trik, a, Livio."

Livio postavi novčić na doručje. Svi su ga dečaci posmatrali. Mišić odskoči i novčić polete uvis obrnuvši se. Razred zaneme a onda neko doviknu, „Ajde opet."

Livio hitro vrati novčić na koren šake, ali gospodin Bil reče Liviju ne, pa se okrete razredu i zamaha rukama. „Mi necemo pretvorimo ova zoba u cirkuz." Ali niko se ne nasmeja. „Ne možemo ovo izvoditi usred časa", reče nastavnik strogo. „Moramo da radimo."

„Ali rekli ste da želite da vidite", uzviknu jedan dečak.

Gospodin Bil sleže ramenima kao da ono što se desilo nema značaja jer svi su oni prijatelji a i gotovo je, ali Livio odjednom ustade i pruži novčić nastavniku koji, iznenađen, dade znak Liviju da se skloni, ali Livio mu ponovo pruži novčić.

„Hoćeš li da ja pokušam tvoj mali trik?"

Livio klimnu glavom i sede.

„Misliš da niko drugi ne ume da izvede tvoj mali trik?"

Gospodin Bil zavrnu rukav i postavi novčić na doručje. Stisnuvši pesnicu poče izvijati doručje, no novčić ostade gde je bio. Nastavnik porumene, i dok je stajao zureći u losov profil na novčiću, ispruživši dugačku ruku s pobelelom šakom, lice mu se osu crvenim pegama. Razred prsnu u smeh. Ponižen tim smehom, on zafrljači novčić Liviju u krilo i vrati se za katedru gde uze jednu knjigu, pa je spusti. Poče na tabli ispisivati datume svih Cezarovih osvajanja, i naredi učenicima da ih nauče napamet.

Kad se čas završio dečaci se sjatiše oko Livija. Najviši, Luter Sač, koji je bio mišićav, ali je nosio debele naočari, raspali ga po leđima i zamoli da ponovo izvede trik. Livio je odugovlačio kao da se stidi. Gospodin Bil, nastojeći da zvuči prijateljski i da se uklopi u dobro raspoloženje, doviknu, „Nećete valjda zaboraviti na ragbi-utakmicu, momci", ali niko ne obrati pažnju. Livio vide kako nastavnik diže ruku kao da se sprema da govori, ali svi su se dečaci smejali i gospodin Bil sede. Učionica opuste i Livio i nastavnik ostadoše sami.

Nehajno se smešeći gospodin Bil nespretno ustade, kao da hoće da bude veći od Livija. Osećajući se nesigurno trenutak-dva, Livio konačno diže pogled, osmehujući se. „Moj engleski je prilično dobar, je l'te?"reče susretljivo. „Mislim da mi ide dosta dobar."

„Vrlo dobro, Livio, ide ti vrlo dobro."

„Čini mi se da mi ide."

Livio nije znao šta da počne. Na rukavu nastavnikovog sakoa nedostajalo je jedno dugme, i gospodin Bil je stajao uvrćući preostali končić. Kao da je iščekivao neki podrugljivi udarac, siguran da će ga snaći, no Livio iznenada posegnu za šakom gospodina Bila. Njegove širom otvorene plave oči delovale su ranjivo, ali šaku gospodin Bila držao je čvrsto. „Ja uopšte nisam kivan na vas, gospon nastavnik", reče. „Ni vi na mene, valjda, je l'te?"

„Ne, ne. Razume se da nisam, Livio", odvrati gospodin –Bil usiljeno, kao da je uveren da mu se dečak koji ga iz dna duše ne voli ismeva na neki nov način.

„Gospodine, to je samo trik", reče Livio tražeći reči. „Ja vežbam. I vi da vežbate, gospodine, važi?" i on izvadi novčić iz džepa i položi ga gospodin Bilu u šaku, onu za koju ga je držao. „Uzmite, gospodine. Mi sad prijatelji, važi?"

„Pa, ovaj, da vidimo...", poče gospodin Bil, odjednom ponovo porumenevši, a Liviju bi nelagodno zbog načina na koji se ovaj upiljio u njega. Gospodin Bil je delovao usamljeno i razočarano, imao onaj izraz koji je Livio viđao u očima ljudi što su sedeli pognuti oko očeve česme, te se upita da li nastavnik zna da kamenje nikada ne spava, i da je ponekad teško zato što je puno kamenog semenja.

„Livio", poče gospodin Bil, a onda njegova šaka steže Livijevu, stiskom toliko čvrstim da je bio bolan. „Hvala ti. Mnogo ti hvala", reče. Pogledavši novčić zabrza, kao da je povratio samopoštovanje, „Da, Livio, zbilja ću se držati toga."

KOEN U KAUENU

Ime mi je Kauen a ako slučajno ne znaš Kauen je prekrojeno od Koen jer Koen je značilo da si kralj a ja sam Kauen, što ti otprve daje na znanje na čemu stojim, a stojim na sopstvenim nogama, gde bi' drugde, jer pre sam bio Jevrejin ali sad sam vrlo uspešan, zar bi' inače imo crna kola ko pravi gradonačelnik il' neki vlasnik pogrebnog zavoda? Al' da sam u redu znam najviše po tome što me noću ne 'vata tiha strava mada mi se mnogo toga mota po glavi a ponekad mi je frka tolika da ne bi poverovo, al' za ono što sam steko ne dugujem nikom ništa, nikom na celom svetu, što će reći da je moje preduzeće koje sam smislio pod tušem u Y*, od prvoga dana donosilo lovu a ideja mi je došla jedne večeri kad sam gledo dodelu Oskara a ono pesma *Ti mi obasjavaš život*, za koju sam uvek mislio da je iz reklame Kresni-Bik-upaljačem, pobeđuje pa se ispostavlja da je to neka pesma o Bogu al' to što ja 'oću blage veze s Bogom nema, to je samo preduzeće koje sam sklepo da pređem poreznike, tamo kod starog groblja, moralo je da izgleda kao zakonita stvar. I tako pod tušem posle košarke mislim se nešto upustiću se u poso s majicama i to onima s Tajvana, pa ako mi pošalješ sliku ima da ti smestim facu sred-srede međ sise da je ceo svet vidi, što je bolje od svih onih šljaštećih parola jer to si ti lično, što i jeste naziv preduzeća koji sam našo kad sam čuo sebe gde kažem Ti lično, a baš u tome svi i živimo jer ništa nije tako dobro

---

* Y – skraćenica za Young Men's Christian Association (otprilike: Udruženje mladih hrišćana, zapravo sportski centar) prim.prev.

kao Čovek lično, što ne znači da nemam i Bolju polovinu, to jest suprugu koja me mnogo voli, al' što jest jest najbolje mi je samome u Y i tako stojeći sutradan u tušionici mislim, zašto ne i abažuri s tvojim licem na tvom abažuru, za šta moja žena kaže da je malo uvrnuto za jednog Jevrejina ali ja joj velim mani jevrejske fazone i nek svetlo koje ti obasjava sobu obasjava lice. To i jeste ono što svi želimo, da izgledamo dobro u dobroj svetlosti, i dok dlanom o dlan a stiglo toliko narudžbina da shvatam da sam nagazio zlatnu žicu, i kako već biva, prolazim jedno popodne pored neke verske radnje s molitvenicima i brojanicama i stanem ko ukopan.

Lepo osećam da me neko fiksira i ne treba mi mnogo da ukopčam, to je onakva trodimenzionalna sveta slika s velikim srcem koje krvari, moja žena se kao sekira da su ti abažuri možda čist neukus, brine ne odražavaju li abažuri neukus, a ja tu gledam to srce iz kojeg kaplje a unutra crvena sijalica, po meni, to je nešto stvarno bolesno, al' srca koja krvare nisu moj poso, jedino što je svet pun krvarećih srdaca, al' na te krupne bludeće oči koje me, zbog načina štampanja na kristalastoj plastici, prate kudgod se maknem, e, na njih mi proradi kliker. Stavi-sebe-lično-na-sliku-sa-okvirom-od-lažne-orahovine. Ma kažem ti, strašna stvar, pojma nemaš jer ljudima ništa nije draže nego da gledaju sebe na zidu kako sve drže na oku a pomisli, majice idu ko alva, fotosi mi stižu s kraja kugle zemaljske i pada lova do krova, što mi sasvim odgovara, samo što sam sad, kao odjednom poslovni čovek i umesto da izvrdavam poreznika vezan sam za knjigovođu, a ja neću da budem takav poslovni čovek jer ja, vidiš, iako sam vrlo poštovan, ja sam ti bukmejker.

Al' još više nego da bukmejkerišem volim da igram košarku, al' uglavnom sâm i to ne što ne bih mogo da držim korak s momcima, meni je tek trideset šest, i što imam ono što moja žena zove uživački trbuščić, nego zato što ne volim da upetljavam sebe u život previše drugih ljudi koji vazda nešto zahtevaju a jedan zahtev vuče drugi. I zato volim sam da bacam loptu u Y nedeljom ujutru, kad na parketu nema nikoga, a tako rano obično još samo neki matorac trčka po gornjoj stazi kao da juri sopstvenu senku. On ne obraća pažnju na mene i ja ne obraćam pažnju na njega, no obojica odlazimo nekako u isto vreme jer na parket stižu drugi tipovi a košarka je stvarno sjajna stvar jedino kad si sam jer kad si sam možeš osetiti onaj perolaki dodir prstima, celo ti telo lagano ko da nema težine, pa uzlećeš i lebdiš s loptom, u luku je odbacuješ od table i eno je, već je prozviždala kroz koš. To je najbliže što se možeš primaći savršenstvu bez mane, kad znaš da si u potpunom skladu sa loptom i još pre no što pogledaš vidiš ga gde se dešava pre no što se i desilo, a ona moja žena mi veli da je to gotovo mistički ili muzički, zaboravio sam kako ono kaže da ja o tome govorim, ali jeste tačno. Jedino kad mi se učinilo da sam blizu nepomućene sreće bilo je ono jedared--dvared kad sam imao onaj perolaki osećaj u prstima, slično lakom treperenju koje ponekad osetim kod svoje žene, samo što žena i ja, za koje svak kaže da smo ko na nebu stvoreni jedno za drugo, e jedne sedmice zamalo što nismo popucali po šavovima i bokte, veruješ li, sve to samo zbog usrane božićne jelke.

Što sve nije bilo zbog toga što sam ja Jevrejin nego zbog mog sećanja na sopstveno jevrejstvo, što je na neki način gore nego biti Jevrejin jer vazda ti je u dnu svesti i sve u svemu ono si čega se sećaš te stoga cenim da ono što neko želi da zaboravi treba da se stara samo za sebe, osim što ima nekih stvari protiv kojih ne možeš ništa a za mene su to mirisi koje osećam, te kako dođe Božić i ja vidim božićne jelke, tako pomišljam na *šikse*, a ono što sam kao dečak mislo o *šiksama* bilo je svinjski, i kad pomislim na svinjetinu pripada mi muka jer nečisto je nečisto, što baš i nije suvislo jer zapravo volim da s kolutovima ananasa klopam debele šnitove masne *gojiš* šunke. Al' šta da radim s onim što mi vonja u glavi, mirisalo to ovako ili onako, te kad mi žena objavi da hoće božićnu jelku kako bi moje dve ćerkice mogle da razmotavaju poklone kao sva normalna deca, ja joj kažem nisu one normalna deca, a ona pita zašto nisu, a ja kažem zato što nisu ništa na onaj način na koji su svi drugi nešto, a ona tvrdi da je to skroz bez veze zato što danas niko nije ništa pa prema tome što da ne, i šta me briga, a ja joj velim da me jeste briga a ona kaže nije me za njih i na to ja iznebuha počnem da vrištim svinjetina i ona me prvi put u životu pogleda kao da sam poludeo, što mi se odjednom i čini da sam, dok stojim onako u kuhinji i derem se svinjetina, svinjetina, ali nema teorije da ja budem prvi u porodici, Jevrejin ili ne, koji će uneti božićnu jelku u kuću. Jer sve što znam jeste da ona hoće zvezdu na vrhu kao da se od mene očekuje da budem jedan od tri mudraca, a žalim što ne znam na koju ću stranu, što i jeste nevolja s mudrijašima koji znaju sve odgovore za svakoga osim za sebe, jer oni imaju zvezde u očima, a ja ih nemam.

Povrh svega sad sam u mraku pored žene koja je ko upisana a ostavila me na suvom tako da ni š od ševe ne dolazi u obzir i to mu je što mu je, ja sam tip koji drži do tucanja i ne voli da leži budan u mraku, te sad pola noći sedim dole trudeći se da s'vatim šta se to zbiva, zureći u ekran isključenog televizora koji zuri u mene ko da sam šenuo, a lice mi na abažuru nad klavirom, svo obasjano pa palim i lampu-parnjakinju nad kaminom a tamo moja žena sva picnuta ko Snežana bulji u mene smešeći se s abažura a između nas na zidu vise moje ćerkice na plastičnim slikama posmatrajući me kud god se maknem ko da zbog te usrane jelke dolazi smak sveta. Ne mogu to da podnesem jer me žena pita zašto bi ljudi koji su duplo golo tek tako sedeli ništa ne radeći, pogotovu kad nas ni pred kime nije briga šta je šta, samo što ja znam da nas jeste briga jer neprestano urlamo jedno na drugo, i ja joj velim da od komarca pravimo magarca, evo me gde već spavam na sofi a što je još gore u čabru sam kao bukmejker jer sad gubim.

A hoću da znaš da bukmejkeri ne gube ako nešto nije krenulo istinski naopačke jer stvari koje su potrpane u jedan koš vidim kao klađenje, i kad sam se i sam kladio uvek sam tražio znak pa da ne mogu pogrešiti ma kako igrao, kao da je Božja ruka nada mnom, i mnogo puta dobio sam znak, no čak i kad si toliko siguran da si u pravu da pokupiš veliki dobitak, znaš da ćeš na kraju obavezno izgubiti, kao što znamo da, ma koliko uspešni bili, svi moramo d' umremo, i tako jednoga dana uviđam da je jedini dobitnik onaj koji skuplja opklade jer svet je pun gubitnika, pa tako i ja postajem, kao, bukmejker, i odmah prelazim na stranu anđela i bogatim se. Jedino što sad spavam na sofi i svaki *poc* u gradu kupi dobitnike a ja kaliram, pa mi se čini da je sve to zbog one jelke, i tako se dan uoči Božića vozim kući po mećavi i naiđem na mesto gde se prodaju raščerupane jelke po petnaest dolara komad, što je skandalozno, ali ipak kupujem jednu jer odjednom sam tako uzbuđen kako odavno nisam bio. Jedva čekam da vidim kako se pred jelkom ženino lice obasjava ko da sam kresnuo Bik-upaljačem.

Kad ono, čim sam ženi reko zdravo imam šta da vidim, stoji ona u dnevnoj sobi prekrštenih ruku ispred ogromne razgranate jelke. Jelka sva osuta šljaštećim drangulijama i sićušnim sijaličicama. Na vrhu joj naherena zvezda a moje klinke uplašeno sede u uglu prekrštenih nogu, no žena bulji u moju jelku a ja buljim u njenu jelku, i odjedanput oboje prsnemo u smeh, da puknemo od smeha, Bogu hvala, jer možda bih je ubio što mi je ovo priredila da i sam sebi nisam priredio isto. A pošto smo prestali da se smejemo ona veli ne mogu valjda baciti svoju jelku nego što ne pozovem neku katedralu, al' ja pitam kakve to veze ima s katedralama, a ona kaže ma baš im je to i poso, da se brinu za siromahe kojima treba jelka, e sad se meni čini da sam sišo s uma dok zovem katedralu a pop mi, govoreći vrlo blago, kaže da, i kakva blagodet, i zar ne znam da postoji mnogo porodica koje ne samo što jelke, nego ni ćurke nemaju, a ja, ko da sam šenuo, šapatom mu odgovaram kako bi bilo da im kupim finu veliku šunku. Al' on se smeje stvarno mirno ko da delimo neku tajnu pa veli i ćurka će dobro doći i dirnut je bogznakako, a ja njemu ne ja sam dirnut, i to po glavudži, a on se ponovo tiho kikoće govoreći da su putevi Gospodnji doista čudesni.

Kad su se dva tipa iz crkve, rascerena od uha do uha, pojavila na vratima, jedino što sam osetio bilo je kao da ću iskrvariti do smrti, a kad sam im uručio ček za ćurku tip s kapom sa štitnikom kaže nabavili ste sebi vrlo lepu jelku g. Kauen i učinili ste dobro hrišćansko delo, a ja se smešim ko da mi se lice rasparalo. Odjednom mi dolazi da mu viknem Koen, nakazo, ja sam Koen, al' žena me lepršavo takne po krstima i meni nailazi ono otkačeno osećanje da je sve u redu i dok si reko piksla žena i ja stojimo na vratima ko dve budale i želimo Srećan Božić onoj dvojici koji odnose jelku u kamionet. Posle se vučemo okolo, klinke otišle na spavanje, i osluškujemo ne bismo li čuli jelena kad stigne na krov i ja kažem možda bi trebalo da se spustim niz dimnjak a žena veli za jednog Jevrejina dimnjaci su ružna šala al' joj ja kažem za ime Hrista utuli jer i ovako se već osećam malčice izgubljen dok ležim tamo i kroz prozor gledam zvezde doista blistave kakve još nikad nisam vido.

Ujutru ne verujem rođenim ušima jer kao ležim i spavam ko zaklan kadli zazvoni telefon pored kreveta, a odozdo dopire cerekanje koje me podseća na leto i prskalica što zaliva travnjak, no glas iz telefona priča mi u uho kako želi obaška da mi se zafali, meni, g.Kauenu, na dobroti, a ja pojma nemam ko bi to kog đavola mogao biti pa mu kažem nema na čemu a potom s'vatam da on priča koliko su ga obradovale moja jelka i moja ćurka. Kaže da je imo sreće kad je potražio moje ime u imeniku jer ima samo jedan Adrijan H. Kauen, za šta mu ja potvrđujem da je tačno, a on kaže da veruje i zvuči toliko toplo i zadovoljno da se ja naglo uspravljam i smešim i zavaljujem u jastuke, pitajući ga kako sve to izgleda kod njega a on divno razvezao dok ne predloži pa što ne svrnete, g. Kauene, da vidite jer bilo bi to istinsko zadovoljstvo upoznati čoveka ko što sam ja, na šta ja uzvraćam da bi i meni zacelo bilo zadovoljstvo da upoznam njega i 'oću, sigurno, pa spuštam slušalicu i mislim o gospode, obesiću se, jer ne mogu da verujem da sam to sam sebi priredio, obećao tom nesrećniku da ću svratiti kod njega i stajati u njegovoj kuhinji i piljiti u njegovu ćurku i njegovu jelku, koja je zapravo moja jelka, i zato silazim a ni to dole što vidim ne mogu očima da verujem. Cela soba zatrpana papirima a moje se devojčice smeju i viču Tata Tata, pružajući mi poklone, a to ne mogu da podnesem jer ja za njih nemam poklona, al' žena kaže da je ceo ovaj dan, kao, divan poklon od mene njima i kako sam ja divan čovek i kako će mi konačno otkriti najveću tajnu svog života, veli, već je napravila božićni puding.

Eto šta biva kad daš malo a dobiješ mnogo, prevalio sam celi put od svinjetine do božićnog pudinga, te mi se odjednom čini da sedim u uglu zarivši palac u ko zna čiji život i doista izvukao sam grožđicu iz pudinga, samo što ovo nije grožđica, ovo je bolno, jer ona objavljuje da je za jedanaest pozvala susede koji ne mare za jevrejstvo na irsku kafu i božićni puding, i zašto se, 'teo bi' da znam, ovo dešava meni u rođenoj kući, svako je srećan i presrećan kad ja ne želim ništa osim malo akcije a bez ikakvih reči sa slatkorečivim popovima. I zato kažem mnogo ti fala, neću da kvarim provod, nego idem u Y dok je još rano da igram malo košarku sam. A žena moja me tapka po obrazu ko da mi je to *tohes* i veli da razume, smešeći se, a ja znam da ne razume ama baš ništa, i poslednji joj put kažem takav sam ja, ništa to nije, i snažno je ljubim jer sam je tako snažno zagrlio da mi se čini da ću zaplakati, te čak i kad sedim u velikim crnim kolima čini mi se da ću zaplakati dok vozim pustim ulicama ko da ničeg osim vremena nemam.

I sve što uspevam da smislim jeste da odem do onog tipa kod kog je moja jelka, što je njegova krivica, nisam ja zvao njega nego on mene, a on u stvari živi dole u kraju u kojem mi je živeo otac, a to i nije tako loš kraj, jedino što godinama nisam tamo bio te se, dok vozim ulicom, osećam malo otkačeno, ko da se vraćam u očev život koji je moj život, i iznenada zaželim da imam sina koji će tražiti sebe u meni onako kako sam ja mogao potražiti sebe u ocu da sam 'teo, mada je moj otac umro još pre dvadeset godina, al' ja u koferu još čuvam njegov stari dugački kaput i dugačke gaće u kojima je umro kad je pao na ulici na bljuzgavici a neki pandur me obavestio, ko da sam sin nekog drugog, matori Čivutin je umro,

zbog čega sam kao dečak imao želju da ga ubijem, al'
sam umesto toga porasto i opametio se i promenio ime u
Kauen tako da se na moje klinke neće sručiti onakvo
sranje ako ja capnem na ulici. A onda, pre no što s'vatim
šta radim, izlazim iz auta i stvaram se pred brojem 48
kako mi je tip na telefonu rekao, i mislim kako je ova
kuća strašno bedna, ni nalik nečemu što bi mom ocu bilo
poznato, veranda skliznula levo, kuća se naherila desno, a
ja se ukipio nasred ulice odeven u veoma šik antilopski
kaput s okovratnikom od lisice i bokte tek tad mi dođe iz
lakta u glavu ko da vidim lice tog tipa kako trne poput
svetlosti. Ma koliko pričo da želi lično da mi zafali nema
šanse da stvarno želi da ja s visine gledam njegovu porod-
icu koja zrači od sreće u mom pravcu i iznenada se
grozno rastužujem ko da sam upravo izgubio celo det-
injstvo, jer čujem sebe gde pevušim ja sam kralj ovog
zamka a ti si prljavi nikogović, i znam da, uđem li, nema
načina da iziđem čist, pa se osećam nekako upušteno, ko
da sam se uhvatio u zamku između onoga što sam uradio i
ovoga što ne mogu d'uradim i zato sam takoreći ne
razmišljajući digo ruku ko da govorim zbogom, i tek kad
sam se ponovo sam povezao kolima vido sam svoju ruku
u vazduhu kao da blagosilja isto onako kako je otac
blagosiljao mene.

A hoću da znaš da uopšte nije reč o držanju do bla-
goslova, nego se ne sećam da sam ikoga blagosiljao, čak
ni rođene klinke, zbog čega sam još malčice tužniji no
maločas, no našavši se u svlačionici i obuvajući patike
znam da sam sav ko zapeta puška i gorim iznutra i jedva
čekam da stignem na teren, a onda vidim da je vežbaonica
sasvim prazna, čak ni onog matorca koji optrčava stazu
nema, ko da je znao da mi je jutros neophodno da budem
sam-samcijat, te mi se čini da sve što izvodim s loptom
radim s lakoćom, pogotke ispod koša postižem doista
lako i imam ono nezemaljsko osećanje da mi je sve što
poželim tu, u jagodicama prstiju. Počinjem da pucam s
petnaest stopa a onda odjednom prelazim na žonglerisanje
loptom i izvođenje najrazličitijih bacanja. Ne mogu
promašiti i ko da nisam svestan koliko sam dobar, pa

pucam iz daljine, takoreći sa samoga centra, lopta leti u luku sličnom duginom, i još pre no što sam je hitnuo znam da je bacanje bilo savršeno, i na tren mi ponovo dođe da zaplačem i želim da je onaj tip s mojom jelkom ovde, možda da sedi na sklopivoj stolici s ćurkom u krilu i gleda ovo, jer odjednom sam uveren da smo nas dvojica u nekoj vezi premda ga nikad nisam video niti je on video mene, al' odnekud znam da imam onaj opip kao da mi je bio dat možda na ulici kad mi je ruka bila u zraku, a baš je to moj otac imao običaj da čini kad bi samo pružio ruku u zrak meni iznad glave ne govoreći ništa, jer je stvarno bio tih, i tako, mislim ja o onom tipu ko da je ovde, sasvim tih i obasjana lica, kadli eto mene nasred terena gde izvodim nešto što ranije nikad nisam mogao da izvedem, vrtim loptu na vr' prsta ko da je kugla zemaljska i osećam ono strahovito zaprepašćenje koje ne mogu da objasnim, toliko sam iznenađen što sam živ a obaška što imam taj posebni opip, za koji jednom u životu i ja stvarno znam da ga imam, jer jednom sam i ja uradio nešto što nisam nameravao, a to je da ostavim onog tipa na miru sa srećom koja ga je, kakva bila da bila, snašla zahvaljujući onome što sam mu ja dao, i jedino žalim što me nije mogao oslovljavati pravim prezimenom a ono Koen jer sad se ja prezivam Kauen, što ti otprve daje na znanje na čemu stojim, jedino što stojeći tu nasred parketa uopšte nisam osećao da sam to ja jer ne znam tačno ni ko sam al' sad znam da nisam ono što se zove ništa.

CRNA KRALJICA

Hjuz i Mekrej su bili probirljivi tipovi ponosni na svoju staru kolonijalnu kuću, čiste jednostavne linije, zidove u štukaturi i bledoplavo obojeni plot. Stanovali su okruženi kućama pretvorenim u mala stovarišta, dvorištima u kojima su na mestima srušenih zgrada bila napravljena kamionska parkirališta, a u dnu ulice nalazila se škola krcata stranom decom, no oni nisu marili. To im je davalo osećaj ušančenosti, osećaj da održavaju nešto važno, pohabani ostatak dobrog ukusa u jednoj opustošenoj oblasti koja vrvi maslinastoputom dečurlijom bez korena.

Mekrejova kosa bila je sad, kad je počela sedeti, malo predugačka, i dok je Hjuz, onako potkresanih brkova, odavao utisak ozbiljnog čoveka potpuno predanog poslu, a bio je kostimograf, Mekrej je nosio cipele s kubanskim potpeticama i lakirao nokte. Kad su se upoznali, pre deset godina, Hjuz je primetio: „Nastavi da se šetkaš tako pa će ti trebati telohranitelj da te čuva da ti neko ne izbije oko." Mekrej je kuvao za obojicu i vozio kola.

Ali ovih im dana nije išlo. Hjuz je okrivljavao svoj burzitis, no obojica su u stvari, ne priznajući to glasno, bili uznemireni time koliko su naglo ostareli, koliko su im bedra omlitavela, a njihova stopala izgledala su nekako, pri jutarnjem tuširanju, koščatija nego ranije, prsti na nogama duži, nokti požuteli i otvrdli, a ono što su želeli bila je nežnost, da se mogu predavati gotovo plačevno, puni samosažaljenja kojem se onaj drugi neće smejati niti ga potcenjivati, te kad su stajali sami, svako u svojoj spavaćoj sobi, priželjkivali su takvu nežnost jedan od drugoga, no dok bi pre spavanja po višegodišnjem običaju pili čaj iz divnih zelenobelih šolja od porcelana iz Limoža i jedan dotakao ruku drugome, obojica bi se bez reči i sa smeškom naglo povlačili u sebe, kao da su Prekoračili neku granicu prisnosti. Nijedan nije mogao podneti njihova sve mršavija doručja i oklembešene nabore potamnele kože na podbratku. Razgovarali su o druženju s mlađim ljudima, čak se potuljeno šalili kako će u kuću dovesti nekog mladića, no to bi bilo toliko izdajstvo svega za šta su verovali da ih odvaja od drugih, svega za šta su verovali da ih drži u zajednici, da su bili mrzovoljni i zajedljivi i, premda se u njihovim životima naizgled ništa nije izmenilo, vazda su bili naoštreni, Hjuz više nego Mekrej.

Jedno od njihovih zadovoljstava bilo je i sakupljanje maraka, retkih i do savršenstva besprekornih, nigde okrznutih i bez mrlja na lepilu. Njihova zbirka, brižljivo složena u plavi, u kožu povezani album sa sedam plastičnih prozorčića po stranici, vredela je nekoliko hiljada dolara. Mnogo prijatnih večeri proveli su zajedno na malom direktoar-divanu sređivajući stare žutosmeđe i karmincrvene marke. Slagali su se da ima nečeg gotovo čulnog u držanju besprekorno očuvanog delića prošlosti, neoskvrnutog, kao da nije sve osuđeno na promenu, kao da se ne mora sve okončati poraženo propadanjem i raspadanjem. Iznalazili su zamerke novim markama odbacujući ih kao prostačke, i nisu ih hteli u svome albumu. Stranice za tek minule godine ostale su prazne, i njima se to dopadalo; tom prazninom jasno su odredili sebe i vrednosti do kojih teže, te bi Hjuz, prinoseći pincetom marku svetlosti, govorio: „Ta gruba izrada za nas uopšte ne igra."

Jednog popodneva otišli su do filatelističkih radnji oko ulica Adelejd i Ričmond i spazili marku za kojom su dugo tragali, veliku i elegantnu crnu marku kraljice Viktorije u udovičkoj crnini. Bila je to marka retka i skupa, marka s nekog na prelomu veka neisporučenog pisma. Stajali su bok uz bok nad staklenom tezgom-vitrinom, diveći joj se šaka oslonjenih o staklo, no kad je Mekrej, dok mu je s lakiranih noktiju odbleskivala fluorescentna svetlost s tavanice, rekao: „E pa baš bih voleo tu crnu ljupkicu", vlasnik, koji im je godinama prodavao marke, diže pogled i sladunjavo se iskeseri, a Hjuz iznebuha frknu: „Kraljice pederska, nešto se mislim što ti lepo ne bi prestao da nosiš te proklete visoke štikle, a? Nešto se mislim, zašto ne bi?" I iziđe ostavivši Mekreja zbunjenog i povređenog, a kad je vlasnik upitao „Šta mu bi?" Mekrej mu odbrusi „Jebi se" i kočoperno se udalji.

Do kraja sedmice vrzmali su se po kući puni uvažavanja i u svakom pogledu predusretljivi jedan prema drugome, nastojeći da se ni oko čega ne sporečkaju pre kraja sedmice, kad su na Dan majki priređivali redovnu godišnju večeru za prijatelje, tri takođe muška para. Godinama je to bila elegantna, malčice podsmešljiva večerinka koja bi se često završavala sladunjavom gorčinom i posle koje bi osećali bliskost, i nalazili utehu jedan u drugome.

Mekrej, u beloj lanenoj košulji s uštirkanim manžetnama zakopčanim sedefnim dugmadima, provede celo nedeljno popodne radeći u kuhinji i, ugledavši kroz prozor rascvalu divlju jabuku, pomisli kako bi prethodnih godina u to doba već počeo planirati da skuva sulc i spremi ga u stare tegle od prešanog stakla koje su držali u podrumu, no umesto toga nastavi, oborene glave, da puni i vezuje svinjski bubrežnjak za pečenje. Predveče ču Hjuza na vratima, iz prednje sobe poče dopirati smeh, a neko uzviknu: „Šta se radi sa slonom koji ima tri komada muda... ne znaš, budalo, pa prošetaš ga i nabiješ ga žirafi", i za tim salve smeha i zveckanje čaša. Svake je godine bilo isto, osmorica muškaraca okupljenih oko odlične večere sa skupim vinima, za stolom koji su osvetljavali starinski svećnjaci u duborezu i na koji su domaćini izneli svoj najbolji srebrni pribor.

Pripremivši sirovo povrće, karfiol i mrkvu, avokado i minijaturni kukuruz u klipu, ne veći od prsta, i položivši porcelanske zdele s domaćim umakom na sredinu kalajnog poslužavnika, Mekrej se na tren zagleda u svoj odraz u prozoru nad sudoperom, pa iz ladice za noževe i viljuške uze jednu plastičnu navlaku. U njoj se nalazila ona marka sa neisporučenog pisma. Oliza marku i prilepi je na čelo, pa obriše žaket svog ugljenomrkog odela od gužvanog somota, dohvati poslužavnik i zakorači u prednju sobu.

Ostali, sedeći u krugu oko stočića za kafu, pogledaše naviše i jedan se zacereka. Hjuz uzviknu: „O, gospode." Mekrej, kao da to nije ništa, objavi: „Dragi moji, vreme za *crudités*." Bio je u svilenim čarapama, bez cipela, i dok je posluživao goste namignu Hjuzu koji je sedeo zvireći u crnu kraljicu.

USAMLJENICI

Upoznali su se u galeriji eskimskih skulptura. Obratila mu se neusiljeno, kao kakvom starom prijatelju. Zvala se Helen. Dok su kružili oko dvoglave ptice od kitove kosti, on primeti, „Zar ne vidite, tragali su za duhom koji se u kosti već nalazio. U kostima je to što je izbilo na površinu." Kad su otišli na kafu, sedela je vrlo pravo i nekoliko puta otvarala džepno ogledalce i ogledala se, dodirujući malim prstom ruž na usnama, kao da nikako nije sigurna u sebe, ali posle prve sedmice koju su zajedno proveli nalazeći se kasno popodne u njegovoj maloj knjižari i šetajući kroz pegama osutu svetlost gusto pošumljenih parkova blizu njene velike stare porodične kuće, odjednom je iščezla bez najave, otputovala sama, telefoniravši mu najpre iz Bostona a potom iz Palm Springsa gde je imala stare školske drugarice. „Ne brini za mene, Arture", rekla mu je. „Jedino što čestito znam jeste da se staram o sebi." Bila je udata za nekog naučnika, stručnjaka za anglosaksonske zagonetke, „A on mi je rekao da se uz mene oseća kao da je nešto skrivio. Prilično nepravično s njegove strane. Naprosto se nismo više slagali." Majka i otac su joj umrli, te je u onoj porodičnoj kući živela sama.

Jedno poslepodne presedela je u uzanoj, izduženoj Arturovoj knjižari, zureći u zidove prekrivene redovima i redovima knjiga od kojih su neke bile stare i retke, i zaključane u ormane sa zastakljenim vratima. „Ovde je pomalo kao u tunelu", primetila je smešeći se, ali ništa nije tražila da vidi niti je otvorila i jednu knjigu, a kasnije, dok su sedeli u maloj gostinskoj sobi na spratu njene kuće slušajući Ravela, upita ga, „Smeta li ti što nismo vodili ljubav?"

„Ne", odgovori on uzevši je za ruku.

„Mislim da bi trebalo da vodimo ljubav", reče ona. „Rashladila sam malo belog vina."

Njena prostrana spavaća soba u zadnjem delu kuće beše puna svetlosti. Na podu se nalazila koža belog medveda, a zid pored mesinganog kreveta bio je obložen ogledalima. „Je l' ti neprijatno?", upita.

„Zašto bi mi bilo neprijatno?"odvrati on stidljivo.

Kasnije, kad su se odmarali na krevetu, ona reče, „Znaš, moj muž je izmislio i jednu zagonetku o meni."

„Koju?" upita Artur.

„Ne znam. Bila je na anglosaksonskom. Niko ne zna anglosaksonski. Nema veze, jesam li bila dobra?"

„Jesi", odgovori on. Dok su vodili ljubav ćutala je i posmatrala se u ogledalu.

„Šta bi drugo i mogao da kažeš?" Ona sklopi oči, dodirujući unutrašnju stranu butina.

„Mogao sam da kažem da nisi."

„Nisi mogao", reče ona, navlačeći čaršav do grudi koje su bile manje nego što je pretpostavljao. „Šta misliš o feministkinjama?"

„Ništa."

„Ja mislim da su grozne. Ono što je bio tihi očaj sad je postao bučni očaj. Uzgred budi rečeno, da li bi mi dao neku svoju lepu fotografiju?"

„Razume se", reče on, polaskan.

„Da l' si gledao?" upita ona pijuckajući vino.

„Jednom."

„Ja volim da gledam. Ponekad mi se čini da gledam neku drugu ženu s nogama u vazduhu, a ne sebe."

Ona otera kosu s lica.

„Šta si video?" upita.

„Ne znam."

„Ma hajde. Ne budi sramežljiv."

„Pa, imaš onaj mali plavi čuperak između nogu, kao da ga uopšte nema."

„Ne, mislim u ogledalu."

„Iznenadio sam se kako velik izgledam, kad sam u tebi."

Naredne nedelje izjavila je da ne želi da vodi ljubav. „Mogla bih ti reći da imam ono žensko prokletstvo", objasnila mu je, „ali u stvari hoću da se smirimo pre no što ponovo budemo vodili ljubav." Provela ga je kroz kuću otvarajući mu male svečane salone, trpezariju za doručak i biblioteku, i vitrine s porcelanom pune figurina i albuma na čijim su se stranicama nalazile fotografije njenog oca. „Većinu soba uopšte ne koristim, ali volim da ih održavam da izgledaju kao da se u njima živi." Bila je kolekcionar i jedne noći se polagano svukla u dnu stepenica i pružila mu priliku da je gleda kako se penje noseći na sebi crno čipkano rublje i crni pojas za čarape. Objasnila je da je sve to kupila na nekoj aukciji u Palm Springsu zato što je pripadalo Ejmi Sempl Mekferson. Potom, u spavaćoj sobi, vodila je s njim ljubav, rekavši mu da stane leđima okrenut ogledalima. On oseti neki čudan uznemirujući talas, kao da bi je mogao ugušiti dok je stajao šaka položenih na njena ramena, uz sam vrat, a želeo je da joj vidi lice, no mogao je videti samo slap njene kestenjaste kose, krsta i guzove, pa je pokušao da je nađe u ogledalu, ali nije uspeo ništa da vidi.

Ležali su na krevetu slušajući muziku i ona primeti, „Zar ti otac nikad ništa nije govorio? Hoću da kažem, kad nam očevi umru svi se sećamo nečeg što su nam govorili."

„Naravno da jeste."

„Šta?"

„Uvek uzmi dobrog advokata."

„Za ime sveta, zašto je to govorio?" upita ona kroz smeh.

„Bio je poštenjačina koja voli život."

„I?"

„I bio je luckast za sebe, ali ne i kad su drugi u pitanju."

„A još nešto?"

„Šta još nešto?"

„Da li je govorio još nešto?"

„Nek ti uvek bude jasno u glavi."

„Šta mu to znači?"

„Bio je trgovački putnik i uvek me upozoravao da se pazim brzorekih ljudi. Nek ti bude jasno u glavi i ne daj da te nasankaju, govorio mi je."

„Je l' to sve?"

„Manje-više."

„A šta je još govorio?"

„Ne bi ti se svidelo."

„Možda bi, možda ne bi."

„Kad sam imao šesnaest godina govorio mi je da je isto tako lako zaljubiti se u bogatu devojku kao i u siromašnu."

„O, to mi ne smeta", odvrati ona. „Dopada mi se što sam bogata i ne smeta mi kad me vole. Tvoj otac mora da je bio lukav."

„Trebalo je da bude propovednik."

„Hoćeš da kažeš da je bio religiozan?"

„Ne, uopšte nije bio. Samo je umeo dobro da priča zabave radi. Neki tip ga je natpričao, i opljačkao do gole kože, izlažući plan za automat zvani Super-kugla koji bi kugle sladoleda delio kao što se koka-kola dobija iz automata za koka-kolu."

„Zezaš se", i ona smejući se zari glavu u jastuk.

„Stvarno. Super-kugla. Hteo je da ja nikome ne verujem zato što je on verovao svakome. U sve je verovao."

„Moj otac", uzvrati ona, „verovao je samo u sebe."

„Šta mu je bio problem?"

„Otkad je verovanje u sebe problem?"

„Rekla si to kao da ni u koga drugog nije verovao."

„Ne znam u koga je još verovao. U Boga i destilovanu vodu, valjda."

„Šta?"

„Destilovanu vodu. Putovao je po celome svetu, i gde god je kanalizacija bila loša pravio je velik posao prodajući destilovanu vodu. A onda se sve tako uspešno razradilo da mu nije ostalo drugo nego da se povuče u penziju."

Ona se uspravi u krevetu a svilena pidžama spade joj s ramena. Grudi su joj bile male a bradavice ružičaste. Ona obgrli njegovu glavu, i poče mu maziti vrat. „Počeo se baviti baštovanstvom, čupao je i sadio po dvorištu, pa je čak kupio i mali komad zemlje blizu kuće da bi napravio alpski vrt, ali nakon što je onaj mali Portugalac bio utopljen u sudoperi, sećaš se one velike afere o kojoj su pisale sve novine, ubio ga bio onaj tupoglavac koji ga je i napastvovao, moj otac je otkrio smrtnu kaznu. Rešio je da ponovo uvede smrtnu kaznu i živnuo kao nikad ranije.“

Ona iziđe iz kreveta, pokupi pojas za čarape i rublje, pa reče, „Postao je veliki govornik. Sav se tome predao te bi sate i sate provodio čitajući, okrećući među prstima neki kulgični ležaj.“ Jedna ladica bila je krcata građom koju je bio sakupio i ona na čaršav ispred njega rasprostre stare požutele fotografije, gravire, i izveštaje o osuđenim ljudima. „Ima ih i gore na tavanu“, reče. „Kutije i kutije, i retke stare knjige. Možda bi voleo da ih pogledaš, ali gore je toliko vruće i skučeno da će te leđa zaboleti.“

Malo je ćutke posedela, dodirujući sopstvenu butinu, pa prekrsti noge i pogladi se po tabanu. „Ravni. Oduvek sam imala ravne tabane. Govorio mi je, 'Trebalo bi da nosiš uloške.' Nekoliko meseci pred smrt sve je nadzirao, kao kakav policajac. Prihvatao je sve pozive, a ponekad čak i sopstvene troškove plaćao.“

Na noćnom je stočiću stajala teglica vrlo skupog noćnog krema. Ona je sedela na ivici kreveta, povijena napred, a on dohvati krem i poče joj ga utrljavati u leđa, meseći mišiće koji su začudo bili tvrdi, čvornovati čak, a potom celo njeno telo kao da se na trenutak opusti i ona duboko odahnu, ne toliko od olakšanja koliko od samoće, a on podiže njenu dugu kosu i poljubi je u zatiljak. Ona zadrhta i ponovo se ukruti. „Mom ocu je pričinjavalo zadovoljstvo“, reče, „baš je tako govorio, pričinjavalo mu je zadovoljstvo da stigne u nepoznati grad i da mu ruke stežu revnosni muškarci i žene, tišina i pažnja kad bi govorio o tome kako bi se mogao smaći čovek, a potom bi se zaorio pljesak, i mesna policija ukazivala bi mu poštovanje pa bi otišao u hotelsku sobu gde bi se, govorio je, istuširao i odlazio na spavanje. Sačuvao je sve fotografije s tih putovanja, u onom albumu što sam ti pokazala, isečene u ovale pa izgledaju kao poređana jaja, a na svima se smeši, blažen. 'Ovo nije pogled osuđenika', govorio mi je nedelju dana pre no što je na ulici pao mrtav."

On je sedeo prekrštenih nogu i držao je odstraga. „Znaš šta je neobično ovde", reče. „Kuća je puna vaza. Na sve strane vaze, a u njima nikad ni cvetka."

„Majka mi je govorila da nikad ne spavam u sobi u kojoj ima cveća. Cveće oduzima vazduh."

„A zašto ne kad si budna?"

„Oduzimanje je oduzimanje, i danju i noću."

„Znaš šta mi još nije jasno kad gledam sve te albume?", upita on.

„Ne znam."

„Nema slika tvoje majke. Ima samo ona fotografija što visi u sobi za šivenje."

Sepija portret bio je isečen u obliku trougla i uramljen u okvir s rokoko pozlatom. Između rama i zida utaknuta sasušena paprat svila se preko lica žene s visokim jagodicama, krupnim očima i blistavim čelom.

„Ne, majka nije bila katolkinja", reče ona. „Ali svake je godine na Cvetnu nedelju odlazila na misu. Nikad nije rekla zašto, ali uvek se tiho smejala kad bi izišla i izjavila da svaki magarac ima svoj dan."

II

Dok su jedne kasne noći išli prema jugu, Helen ga upita, „Da li si se rodio tu negde, mislim, da li ste u toj kući živeli kad si se rodio?"

„Naravno. Još tamo živim."

„Šališ se. Od svih ljudi koje poznajem, niko osim mene ne živi tamo gde se rodio."

Hodali su senovitim ulicama s mračnim kućama izduženih, uskih prozora. Za ograde verandi lancima su bili vezani bicikli. Prođoše jedna policijska kola, pa se ponovo pojaviše pošto su obišla blok, i usporiše. „Kod policajaca ne valja to što misle da su svi zločinci", primeti ona. „Tako su iskvareni. Zamisli da moraš da živiš s čovekom koji u tebi vidi zločinca." Iznenada, doviknu pajkanu, „Je l' mogu nešto da vam pomognem, policajče?"

„Ovo je bilo divno", reče Artur kad su se policijska kola udaljila.

„Nije. Treba da nas ostave na miru. Sve treba da nas ostave na miru i ne gnjave nas."

„Hteo sam da kažem da si ti bila divna."

Ona ga uze za ruku. Dvaput su morali da siđu s pločnika da ih ne bi iskvasile prskalice za travnjake ostavljene da rade i preko noći. „Ovo je protivzakonito, znaš", reče ona. „Ovo puštanje da voda teče prekonoć, ali uvek ima zakona koji za neke ljude naprosto ne važe, a to niko ne zna bolje od pajkana. Niko ne vodi više računa o tome ko pripada kojoj klasi od policajaca. Jesi li primetio?"

Pređoše preko starog pešačkog mosta iznad prokopa.

„Nisam", odgovori on, „ali evo, to je."

„Šta? Prokop?"

„Ne. Ona ulica s druge strane. Odrastao sam uz prokop. Ide ravno kroz centar grada."

Ona zastade gledajući u duboku prugu pomrčine. „Kao neki ožiljak", primeti.

„Ovo je tajno mesto."

„Volim tajna mesta", reče ona. „Volim kad me ljudi vode na svoja tajna mesta."

Magla je bila gusta, ledena, a nekoliko svetiljki na mostu sijalo je mutno i treperavo. Čvrsto ju je zagrlio. „Ovo je bio šugavi gradić, dvospratnica, kad sam ja rastao tamo dole", reče. „Sve je bilo nisko pa su i ambicije ljudi bile male." S jezera se začuše sirene za maglu. Ona ovlaš pređe usnama preko njegove šake. „No tad otkrih da dole u prokopu ima ljudi, neki su bili u bekstvu, begunci od porodica ili zakona, i alkosi. Svako jutro dešavalo ti se da naletiš na pijanca na padini brega, i te su me skitnice očaravale svojim životom ispod starog gvozdenog mosta u onim njihovim malim skloništima od kartona i šper-ploče. Čak su i zimi bili tamo kao kakvi skitački anđeli pušteni na slobodu u prokop, da žive ispod velike gvozdene duge, a ja sam se uvek pitao kako to izgleda živeti pod bilo kakvom dugom."

Na pročelju kuće gorelo je svetlo. „Još uvek je to odlična, čvrsta kuća", reče on, uvodeći je u dnevnu sobu. „Jasno, u tim starim domovima sobe su uske. Izgleda, jednostavno, da živim uskim životom", dodade smejući se.

„Da li uvek ostavljaš upaljeno svetlo?" upita ona.

„Aha."

„Preko cele noći?"

„Aha. Tako je radio i moj otac."

„Zašto?"

„Ostavi upaljeno svetlo za majku, imao je običaj da kaže."

„Gde ti je bila majka?"

„Jedne noći mu je ostavila pisamce i isparila."

„Tek tako?"

„Aha. Govorila mu je da je život sličan radnji sa šeširima. I zato je on rekao ostavi svetlo da gori na radnji, možda će joj usfaliti stari šešir."

Sedeli su u zadnjem delu kuće na zastakljenoj verandi zatrpanoj biljkama, lozicama i puzavicama, a sobu je osvetljavala traka neonskih svetiljki oko prozorskog ruba.

„Čudno je ovde", primeti ona.

„Mislim da je zaista mirno", odgovori on. U uglu se nalazila pletena stoličica i ona sede na nju, okruživši se lišćem i paprati. On se izvalio na kožnu ležaljku.

„Sediš ovde i gledaš biljke?" upita ona.

„Verovatno one gledaju mene."

„Znaš, meni se ponekad čini da me gleda otac."

„Tamo iz žbunja?"

„Kakvog žbunja?"

„Stari porodični vic."

„Ispričaj."

„Ovaj, u stvari i nije vic. Hoću da kažem, jednom smo se otac i ja izgubili gore na severu, u šikari, i celu noć presedeli u mraku osluškujući najpaklenije zvuke koji su nam saterivali strah u kosti, i tamo je on rekao da su to mrtvi i da se nalaze tamo u žbunju, u žbunskoj ligi."

„Šta je to, pobogu, žbunska liga?"

Sedela je sklupčavši se u mračnom uglu, obujmivši kolena rukama, osećajući vlažnu težinu na butinama. Zagušljivost ju je zaplašila. Poželela je utehu.

„Žbunska liga", odgovori on, gnezdeći se na ležaljci. „To je u bezbolu. Kad nisi dovoljno dobar da budeš u prvoj ligi, onda igraš u nekoj žbunskoj ligi."

„Jesi li igrao u žbunskoj ligi?

„Nisam. Nisam, ali otac je bio amaterski trener za treću bazu, u mesnim ligama. Bio je divan, onako kad se obuče, a tim mu nosi neke kobaltno plave uniforme s žutim lampasima, na leđima im je žutim slovima pisalo SVETSKI TRGOVAČKI POSREDNICI, a on se ponekad drao na sudije.

„Čini mi se da bi ga moj otac mrzeo."

„Ne znam. Možda. Za njega je sve to bila divna predstava. Ponekad bi se zbunio na terenu." On zažmuri i njoj se učini da polako tone sve dalje u tamni zemljani vonj lišća i paprati. „Znaš, razmahao bi se kao vetrenjača, mahanjem podstičući trkača da stigne do četvrte baze, a kad sudija vikne da nije došao ni blizu, tako da svi s'vate da se zeznuo, dernjao se i vrištao, vičući *ti marš napolje, ti izlaziš iz igre.*" On se nasmeja, tapšući kao kakav srećni dečačić. „To je bilo prelepo, znaš. Za njega je sve to bila igra, nikakve veze s životom nije imalo. I umeo je da kaže: Život je stvaran, mali, a igranje bejzbola je prkošenje vremenu. Izbace te iz života i šta si onda, mrtav."

„A majka ti se nikad nije vratila kući", upita ona, gotovo bezglasno.

„A-a. To je bilo stvarno. Otprilike godinu dana pošto je umro otac dobio sam telegram da je i ona umrla."

„Ali još uvek držiš upaljeno svetlo."

„Pa, ne možeš okrenuti leđa pokojnicima", odvrati on ponovo se smejući. „Možda su tamo napolju, izgubljeni u žbunju."

On protegnu noge. Dugo su sedeli u tišini. Potom se ona oglasi, „Mislim da se stidim."

„Čega se stidiš?" upita on posegnuvši za njenom senkom u uglu, no Helen je bila dalje nego što je mislio.

„Ničega. Samo imam tu potrebu."

Oslonio je laktove na kolena, šake opustio, i zurio u abonos-crne prozore. U uličici je noću uvek bilo rakuna. Dolazili su iz prokopa, i čeprkali tražeći hranu. Ona strastveno objavi, „Želim da vodim ljubav."

„Šta?"

„Imam potrebu da vodim ljubav."

Ustade i iskorači iz suknje, potom i iz gaćica, i onako u do kolena visokim crnim čizmama, čarapama i pojasu za čarape, leže s glavom u senci, kolena uzdignutih i raširenih.

„Ovde?" upita on.

„Ovde", odgovori ona, „i požuri."

Bio je samo u čarapama. Nije se mogao odupreti o popločani pod. Glava joj je bila ispod pletene stolice, za čije se noge Helen pridržavala. „Bolje bi bilo da se postaviš na laktove i kolena", predloži on. Ona ustade i naže se napred a on je dohvati za ramena, u polučučnju iznad njenih bedara, te je tucao sve dok nije zadrhtala, zahvaćena malim grčevima, i oštro zacvilela. Kad se sručila na zemlju on joj leže na leđa udišući miris njene kose. Nije svršio. Ona upita, „Nisi svršio, a?" a on odgovori, „Nisam." Ona uzdahnu i reče, „Nije bilo lepo da me nateraš da se onoliko derem."

III

Sutradan je otišla u Palm Springs. U knjižaru je poslala jednu ružu i pisamce. Noću je sedeo sam u kući i čekao da telefon zazvoni. Znao je da joj je dobro. Želeo je samo da se telefon oglasi, ali ona nije zvala. Padalo je mnogo kiše i vlaga mu se uvlačila u kosti. Mučila ga je nesanica. Prođoše dve sedmice. Potom ga jedne pozne noći ona pozva i reče da je kod kuće i da pije. „Ne, nema veze s kišom", rekla je. „Briga me za kišu." Nedelju dana kasnije, negde oko dva ujutru, telefonirala mu je i rekla, „Ako dođeš, odvešću te na jedno moje tajno mesto."

Ulice su bile puste. „Smešno", reče ona, „dok sam bila na putu neprestano sam mislila na majku. Trebalo je, ali nisam je poznavala."

„Ni ja moju."

„Ali, tvoja je pobegla. Moja je bila u kući, a kao da je uopšte nije bilo. Sedela bi u svojoj spavaćoj sobi i takoreći neprestano ćutala. Uvek je nosila najlonke sa šavom i prevlačila šakom preko šavova, stalno ispočetka, trudeći se da ih ispravi. Ali, vazda su se krivili. A onda je počela da odlazi rano na spavanje, znaš, u jedanaest, deset, pa odmah posle večere, završavajući dan sve ranije i ranije, dok na kraju više nije ni ustajala iz postelje, pa joj je otac donosio obede u sobu, to udvornije što je ona bila dalje od života. Izgledalo je da je zadovoljna, osim što je vazda govorila: Čuvaj se, čuvaj se."

„Čega?"

„Ne znam. Toliko je uporna u tome bila, ravnodušna prema svemu osim prema čuvanju sebe. Nikad joj se ništa nije desilo, niti se ikad išta desilo meni, ili možda jeste, ali zbog tog mog večitog iščekivanja da se desi nešto veliko, sve je nekako izgledalo vrlo sitno."

Ona mu se primače da se zgreje, i uskoro uđoše u neki non-stop otvoreni restoran. „To je", objavi ona. Pozadi su se nalazila separea i šank u obliku potkovice, a sve do dela za naručivanje zid je do tavanice bio u ogledalima. Seli su za šank na stolice koje su se mogle okretati.

„Znaš", poče ona, „došla sam ovamo jedne noći i zatekla nekog starca s mekim filcanim šeširom." Iz velikog sjajnog jelovnika naručili su rskave zlataste vafle. „Hoću da kažem, imao je tablicu za kribidž i karte pa smo igrali pun sat, a sutradan uveče opet je bio tu ali ja nisam više želela da se kartam. Primetila sam da se nadao da ćemo igrati, ali zaboravio je da ponese šešir a bio je ćelav, a ja nemam poverenja u ljude kojima se cakli glava."

Policajac dečačkog izgleda ali širokih pleća prošao je pored ogledala do dela za naručivanje. Zatražio je duplu-duplu-kafu. „Eno ljubitelja slatkiša", primeti ona. „Pandur što ljubi slatkiše."

Za policajcem naiđe neki čovek iskrivljena hoda. Pohitao je do upražnjene stolice i smotao u džep dolarsku novčanicu ostavljenu kao napojnicu. Potom sede, a kelnerica se izdra na njega, „Hej, ja crnčim ko sivonja za taj bakšiš, crnčim i nije me briga da l' si blentav il' si prav."

„Šta na ovo veliš?" upita je Artur.

„Na šta?"

„Na ovaj slučaj sitne krađe."

„Srediće oni to", odvrati ona. „Pusti ih na miru i srediće stvar."

Čovek je sedeo ubuljivši se u praznu šolju za kafu. Na rubu šolje ostao je trag ruža za usne, i on ga dodirnu. Zatim dohvati koricu zlaćanoga dvopeka i smaza je. „Nije me briga", reče kelnerica prilazeći policajcu koji se vraćao teškim korakom, malo zajapuren. „To je moj bakšiš", reče kelnerica. Policajac sede i mirno se obrati ·čoveku, „Ovo je njen bakšiš, kopčaš. Njen. Toliko možeš da shvatiš. Moraš joj ga vratiti." Čovek jogunasto odmahnu glavom i poče crtati male prazne jajaste oblike po šanku. Policajac ukloni nož i viljušku.

„Stvarno čudno", reče Helen. „To isto je i moj otac radio pri svakom obedu."

„Šta?"

„Obavezno uklanjao noževe sa stola dok se ne pomoli."

„Kog mu je đavola to trebalo?"

„Ne znam. Sigurno je jedno – imali smo smešan osećaj jela kad bismo pokupili noževe."

„Hajde", reče policajac, „budi dobar dečko. Moraš vratiti taj bakšiš." Čovek poče da petlja i izvuče dolar iz džepa na košulji. Predade ga policjcu koji ga uruči kelnerici, a ona priđe Helen i reče, „Žalim slučaj, ali to je moj bakšiš, je l' te, jerbo ja crnčim za njega."

Policajac ustade i mirno reče, „Pođi sad. Mislim da je najbolje da pođeš kući." Ugleda sebe u ogledalu i pocrvene, kao da mu je neprijatno što je tako krupan, pa se namršti i reče, dodirnuvši čoveka po ramenu, „Hajde, sad. Tako je najbolje." Čovek ustade te zajedno krenuše prema izlazu. Policajac mu pridrža vrata. „Ne verujem ja pandurima", primeti kelnerica.

„Ni ja ne verujem pandurima", uzvrati Helen.

„Ali ovaj je", umeša se Artur, „divno sredio stvar."

„Ne volim pandure", ustraja Helen. „Ne volim pandure."

„Pa, možda si u pravu, ali ovaj pandur je to dobro izveo."

„Ne popuj."

„Da krenemo", predloži on.

„Važi", odgovori ona uvaljavši salvetu u lopticu. Ubaci je u praznu šolju od kafe. On ostavi kelnerici dobru napojnicu.

„Pa", reče ona na vratima, „kako ti se sviđa naša prva svađa."

„Dešava se to i u najboljim kućama", odvrati on.

„I u najgorim", nasmeja se ona. „Je l' ako da noćas vodimo ljubav?"

„Videćemo", reče on i čvrsto je obgrli oko ramena dok su dozivali taksi. Kod kuće, on skide košulju. „Ne, ne", pobuni se ona. „Hoću da budem dobra s tobom. Ne možeš reći ne devojci koja hoće da bude dobra." Bio je razočaran. Želeo je da je umiri. „Hoćeš da stanem uza zid?" upita, smejući se i iskoračujući iz cipela.

„Zgodno je, a?"

„Aha, samo što ovog puta ja hoću da gledam."

„Šta god hoćeš", reče ona i kleknu.

„Otkud to da hoćeš da budeš tako dobra prema meni?"

„Svemu što je dobro dođe kraj", reče ona smešeći se i čvrsto ga dohvati za bedra.

U osvetljenome ogledalu uspevao je da vidi samo njenu kosu preko povijenih ramena i njene tabane, i sebe kako izgleda nesrećno.

Dva dana kasnije telefonirala mu je i rekla da je našla izvanrednu paštetu od fazana. On odluči da joj podari jednu ružu. „Pa", reče ona uzimajući izduženu tanku kutiju, „gde ovo da stavim?" Strpala je kutiju s ružom u stalak za kišobrane i povela ga u biblioteku i pokazala mu fotografiju koju joj je bio dao. Nalazila se na stočiću sa strane, iskrojena i umetnuta u uspravni ovalni srebrni okvir. Na fotografiji je bio nasmešen i izgledao vrlo zgodno.

„Zar ti se ne čini da je okvir divan?" upita ona „Nabavila sam ga onomad u Palm Springsu." Iseče dva komadića paštete i posluži ih na finim porcelanskim tanjirima. Nosila je do grla zakopčanu crnu haljinu s puf-rukavima, a ispod rukava, na doručju, maramicu.

„Zar ti se ne sviđa okvir?"

„Da, naravno. Vrlo je lep. A i ne izgledam kao osuđenik", reče on smešeći se. Ona mu dade njegov tanjir s paštetom te odoše do izrezbarenog hrastovog ormana.

„Mislim da treba da se poslužimo nečim iz očeve zalihe, i to s Deni Munijeom. Otac mi je govorio da je to konjak koji pije diplomatski kor."

„U tvoje zdravlje", reče on. „Nikad nismo nazdravljali tebi, a danas si prava lepotica."

„Znaš li", upita ona, „o svemu i svačemu smo razgovarali, a nikad o politici. Svi razgovaraju o politici."

„Tačno", uzvrati on. „I pravo je."

„Šta je pravo?" upita ona razdragano.

„Da razgovaramo o politici."

Pretresoše vesti iz novina, da li gradonačelnik izgleda bolje posle male operacije kojom su mu ispravljeni prednji zubi, i da li treba da postoji kontrola policije od strane građana, pa potom pređoše u predsoblje. Ruža je bila u kutiji, uspravna u stalku za kišobrane. Stajala je kraj njega na otvorenim vratima i držala ga za ruku. On je ovlaš poljubi u obraz. „Ostavi malo svetlo u prozoru", reče. Ona se nasmeja i onda poželeše jedno drugom zbogom.

Ponovo ju je video mesec dana kasnije na aerodromu, kad se vraćao iz Njujorka sa sajma knjiga. Požele da je pozove, no ona je sva usredsređena hitala da uhvati avion. Tad ju je poslednji put video. Ali, jedne je noći bio u prilici da se proveze ispred njene kuće. Kuća je bila u mraku. I protiv svoje volje zaustavio se, očekujući da se svetlost upali. Mesecima je često išao zaobilaznim putem da bi prošao ispred velike kuće i, jedne noći, prskalica za travu škropila je uokolo, ali kuća je ostala u mraku.

NAVUČENI ZASTORI

Oldem Emis je živeo u kući od žute opeke s okomitim škriljčanim krovom. Dole, gotovo zarastao u grmlje svibe uz prilazni put, krio se stari krečnjački stub za vezivanje konja. Onde je Oldem ponekad sedeo na sklopivoj lakovanoj stolici s očeve šalupe. Otac je bio stekao mali imetak poslujući s kugličnim ležajevima, a novac trošio na jedrenjake i kamene životinje koje mu je klesao jedan prijatelj iz pogrebnog zavoda. Travnjak pred kućom ukrasio je kamenim psićima, lanadima i lavićima, unutra su na zidovima visili mesingani ferali, a nameštaj s trščanim naslonima i sedištima u gostinskoj sobi poticao je s brodske palube. Iznad kade u kupatilu bilo je okačeno veliko uglačano mesingano zvono.

Njegova se majka stalno povlačila u samoću i mazila dve sijamske mačke koje su ponekad izlazile rano ujutru, ubijale vrapce te ih ostavljale na stepeništu pred kućom. U rukavu je vazda nosila namirisanu maramicu kojom je dodirivala slepoočnice dok bi čitala romanse Maco de la Roš, a kad joj se suprug utopio u oluji na jezeru Skagog otišla je u garažu, dograbila pajser i porazbijala sve kamene životinje na travnjaku. Kad je Oldem, koji se tad bližio devetnaestoj, došao kući, zatekao ju je gde sedi na beloj pletenoj stolici u kupatilu, pušta kipuću vodu u otvorenu kadu tako da se odaja ispunila parom, i uporno zveči bronzanim zvonom.

Upisavši se na pedagošku akademiju, Oldem bi kasno popodne pravio majci društvo i pokušavao da joj naglas čita tračeve iz novina, no ona se krišom odala piću te je, uvijena u ćebe, sedela na verandi pijuckajući džin iz fine bele porcelanske šolje i bludela duhom. Sunce je zalazilo a on je ćutke sedeo ispruživši i u člancima prekrstivši dugačke noge, jer šta joj je uopšte i mogao više reći. Ona se još sekirala samo zbog Slovena i Jevreja i njihove bučne dece koja su s Južne tržnice dolazila u ulicu.

„Zar ne vidiš", rasplakala se jedne večeri dodirujući slepoočnicu malom belom čipkanom maramicom, „svi smo varalice, kao Maco de la Roš. Da l' si znao da joj je pravo ime Mejzi Rouč? Taj nas ološ preplavljuje, slušaj samo a i zaslužujemo, beskičmenjaci svi kol'ko nas ima."

Ponekad, kad su deca na ulici igrala hokej, pozvala bi policiju te bi žuta patrolna kola ubrzo doklizila iza ugla a policajac naredio bučnoj dečurliji da se tornja.

„To je poslednje sa čime još možeš računati", rekla bi ona, „policija."

Kad mu je mati umrla bio je materijalno obezbeđen, ali nastavio je da predaje istoriju u Gimnaziji na bregu zato što je voleo da priča o greškama koje su pravili generali i o istoriji koja uvek odlazi nizbrdo, pogotovu onda kad su ljudi najveći optimisti. U knjižici o kurtizani koja je, neobjašnjivo, izvršila samoubistvo, našao je jadan epitaf i dao ga da se ukleše na majčinu nadgrobnu ploču: „Dojadi mi ovo večito zakopčavanje i otkopčavanje." Očev stari prijatelj, pogrebnik, bio je uvređen, ali Oldem nije mario. Počeo je da skuplja knjige epitafa i kad je otkrio da se breg na kojem se nalazila njegova škola nekad zvao Breg od vešala, zato što je od plave gline s brega pravljena opeka za gradnju prvog gradskog zatvorskog odeljenja za osuđenike na smrt, osetio je čvrstu potvrdu svog uverenja da se stvari potajno drže na okupu, i ta potvrda za način na koji je osećao život postade zadovoljstvo koje je tražio u svim knjigama. Nije se upuštao u razgovore s mnogo ljudi, o mnogim stvarima nije menjao mišljenje i, premda mu je kuća bila puna svakojakih knjiga, ljutio se na njih što ga zatrpavaju, što mu smetaju. Nije želeo da ih ponovo čita, a opet, pošto su bile skupe, nije mogao sebe naterati da ih pokloni ili baci.

Onda jednoga dana na stanici podzemne železnice primeti da kontrolor u staklenoj kućici čita broširanu knjigu, i da je, umesto da odloži knjigu i obeleži gde je stao, najpre naprosto otcepio korice, a potom, kako bi koju pročitao, i stranice, i spuštao ih u korpu za otpatke tako da od knjige na kraju ne bi ostalo ništa. To se Oldemu učini tako pametnim da je otada čitao samo broširane knjige, a čak i kad bi čitao na travnjaku ispred kuće, kraj starog stuba za vezivanje konja, uz desnu nogu postavljao bi malu korpu za otpatke.

Jedne večeri dok je slušao početnu podelu igre u bejzbol-utakmici, a večernje se sunce upravo probijalo kroz srebrne breze i dnevna soba kupala u divnoj ružičastoj svetlosti, on sede pored starog podignutog radija na stolicu sa sedištem od rogozine i rebrastim naslonom, i srkućući brendi, poče urednim, grčevitim rukopisom pisati u knjigu praznih stranica uvezanu u crnu kožu. Skoro tri meseca vodio je dnevnik, ne onoga što je radio iz dana u dan, nego beleške i sitna razmišljanja, i, dok je sedeo slušajući prenos utakmice, i o Madket Kliveru koji je bacao loptu u celoj igri, zapisa: „Najdublje ukorenjena želja koju imamo jeste da se potpuno izbacimo iz sebe, kao modlovani kolačići onih koji smo; tako Adamovo rebro postaje Eva te se on može pariti sa sopstvenom slikom, a Bogorodica, ona začinje svog sina iz sebe; voli sebe samog kao bližnjeg svoga...“

Oldem skide okrugle naočari s čeličnim okvirom i osta sedeći sklopljenih očiju, malo razmišljajući, malo slušajući. Prilikom sedme podele igre u utakmici toliko se zaneo u Kliverovo bacanje da odjednom primeti kako sedi u mrklome mraku. Požele da s nekim podeli svoje uzbuđenje dok sedi tako na samoj ivici stolice, pažljivo slušajući prenos svakog bacanja, no u to oseti i slast i gorčinu, i iznenađenje i panični drhtaj, jer nikad još nije shvatio koliko je sam i, ustavši, seti se sebe kao dečaka prvi put na očevom brodu po nevremenu, legao je bio na palubu ne hoteći da gleda u talase koji zapljuskuju bokove, i neprekidno ponavljao, zatvorenih očiju, „Isuse Marija i Josife“ tačno onako kako je jedne kasne večeri čuo majku da sama ječi u kuhinji, ali otac na brodu stalno mu je dovikivao „Ništa ne može ispasti loše, Oldi dete drago", i ništa i nije ni ispalo loše, i Oldem se postideo no otac mu je rekao „Moraš se uplašiti bar jednom da bi saznao šta je strah, a kad jednom saznaš onda znaš i kako da ga savladaš", i Oldem se, u tami dnevne sobe, sam, iznenada osmehnu, obodren, nezaplašen i spokojan. Krete u dugu šetnju, zaboravivši na Klivera i bejzbol-utakmicu.

Što je više mislio o tome više mu se sviđalo da bude sam. Nije voleo preduge razgovore sa ženama i bio je zadovoljan što je nastavnik u muškoj školi. Dok bi samsamcijat stajao u gomili sveta, ili sedeo u kakvom baru, svest o vlastitoj povučenosti ulivala mu je sigurnost, kao da je nedodirljiv, i nametala mu samodisciplinu. Ponekih večeri, pošto bi pregledao zadatke, a bio je strog ocenjivač, pošao bi u bioskop ili svratio u neki klub ako bi na podijumu zatekao dobar diksi-bend, a jednom sedmično odlazio je na večeru u Hrastovu salu hotela Kralj Edvard, obično na mladu teletinu ili goveđe medaljone u vinu i sosu od pečuraka. Potom bi odšetao do striptiz-lokala u ulici Dandes, odgledao predstavu i pokupio neku od kurvi koje su svake noći džedžale uza zidove predvorja. Sviđao mu se sopstveni ozbiljni pristup celoj stvari i, premda je svoja beleženja u onu knjigu u kožnom povezu čuvao za sebe, bio je uveren da je previše razmišljanja, previše samoraščlanjavanja vrsta mržnje prema sebi, te ga je ushitilo kad je jedne noći našao sledeći nepotpisan citat u zbirci epitafa: „Danas se čak ni samoubica ne ubija u očajanju. Pre no što pređe na delo on se tako dugo i tako brižljivo predomišlja da se bukvalno guši od mišljenja. Pitanje je, čak, da li ga treba zvati samoubicom, jer njemu je život, zapravo, oduzelo mišljenje. On ne umire s rešenošću, nego od rešavanja."

Jedne pozne večeri prskala je sitna kišica, sipeća magla, a kad je oko ponoći izišao da posedi na verandi, ulične svetiljke koje su prosijavale kroz lišće javora podstakoše u njemu neku gotovo čulnu čežnju, ni za čim što je nekad izgubio, jer nije žalio ni za čim određenim, nego je to bila neka vrsta nostalgije za budućnošću, nedoumica nije li usred tog spokoja već na putu nizbrdo, i neće li skončati u magli kao majka ili, poput oca, iznenada nestati pod vodom.

Dok je sedeo laktova prekrštenih na prsima, obgrlivši se zato što mu je bilo hladno od večernje studeni, pogled mu pade na kuće prekoputa i on pomisli kako liče na redove grobnica u noći, i poče u prozorima uz i niz ulicu tragati za svetlima, pitajući se šta se dešava u svim tim zamračenim sobama, jer velike stare kuće su sad bile najbedniji hoteli puni Crnaca i belaca koji su spali na tanke grane.

Počeo je da odlazi u kasne noćne šetnje, kad su ulice puste, kad gotovo svi spavaju, tek gde-gde upaljeno svetlo, a i na tim su prozorima zastori uvek bili navučeni zbog čega je svetlost iza njih izgledala zagonetna i tajanstvena. Hvatao je sebe kako zamišlja male prizore, predočavajući sebi šta se dešava iza zastora, kao da je upao kroz otvorena vrata u neki burdelj u centru grada i na tren spazio tela uhvaćena u blesku svetlosti da bi se odmah izgubila, bezimena, zaboravljena, i to je u njemu izazivalo isto osećanje koje je imao kad je večeravao u Hrastovoj sali, gde je bio deo svega što ga je okruživalo, a opet odvojen. Nije želeo da se upozna ni s kim iz tih kuća, baš kao što ne bi hteo da razgovara ni s ljudima iz onih burdeljskih soba, ali voleo je da zamišlja da se u polumraku tih odaja odvijaju neki usputni životi, životi isto tako tajanstveni kao njegov, jer u iznenadnom naletu zadovoljstva palo mu je na pamet da bi i on, ako bi neko obratio posebnu pažnju na njega, susedima svakako izgledao kao tajanstven, u sebe zatvoren čovek. Jasno, policajac koji je između jedan i dva po ponoći lagano prolazio na motociklu ispitivački ga je odmeravao dok je on, odeven u sako od tvida, koračao pločnikom.

Jedne noći začu duboku žalobnu jeku trombona, i dok je osluškivao učini mu se da to neko svira povečerje, te iziđe na ulicu u pravi čas da vidi neku ženu u pantalonama kako beži kroz senke prema ulici Dupont. U velikoj uličnoj sobi na drugom spratu kuće prekoputa gorelo je svetlo. Iza navučenog zastora neko je koračao gore-dole. Napolju, na balkonu, stajao je jedan čovek i svirao trombon, uperivši mu rog uvis. Neki omanji ćelavko u papučama i kućnom kaputu bojažljivo priđe Oldemu na travnjaku i primeti: „Kladim se da je tamo gore.“

Oldem uzvrati: „Da, tako je", i iznenada ga preplavi osećanje da se onaj čovek gore, ispruženih ruku, obraća isključivo njemu, i samo kad bi i on imao rog, samo kad bi znao da svira, ostao bi tu na svom travnjaku i zasvirao kao odgovor tom čoveku čiji se obris ocrtavao na mračnome nebu, no umesto svega ponovi:"Da, tako je." U to im se pridruži žena u ružičastom taftanom kućnom ogrtaču i papučama s ružičastim pomponama i reče: „Eno ga, otkačen kučkin sin. Nikad ne znaš šta će te snaći noću." Čovek na balkonu, puka senka pri svetlosti poluskrivenog meseca, svirao je iste tužne note, stalno iz početka, toliko zvučne da su obeshrabrivale, no ćelavko prsnu u smeh. Taj smeh uvredi Oldema.

Policija stiže u crnim neobeleženim patrolnim kolima i Oldem osta čekajući kraj kola, a policajci uđoše u kuću. Potom se jadan pojavi na balkonu i uvuče trombonistu u sobu. Prozor kola bio je otvoren te je Oldem preko radija mogao čuti suvi hrapavi glas dispečera. Žena s pomponama koja je stajala kraj njega reče: „Svašta se dešava noćas, vazda neko nekog tuca." Mladi policajac, nasmešen, iziđe iz kuće i Oldem upita:"Šta je bilo?" Pandur s plavim brkovima odgovori: „Ništa važno, tip doš'o kući i zatek'o ženu u krevetu s njenom prijateljicom. Toga stalno ima sve više." I policajci se odvezoše.

Oldem uhvati sebe kako razmišlja o policiji i čoveku koji je svirao rog, i o onoj ženi koja je pobegla, a sutradan je na časovima bio rasejan i nekako čudno uznemiren. Dva-tri puta ćutke je zastao klimajući glavom, a kasnije, kad je krenuo u noćnu šetnju, upita se, „Šta je onaj tupavi tikvan mislio kad je rekao da to nije ništa važno." Ispuni ga bes, ali i tuga zbog onog usamljenog tromboniste. Pandur na motociklu ispred njega vozio se napola se izvivši iz sedišta, s nekim se planom krećući duž parkiranih automobila. Suvo štektanje motora razbijalo je tišinu i Oldem primeti da policajac drži debeli krnjetak krede i svaki čas ispruženom rukom snažno zamahuje preko zadnjih točkova, ostavljajući na gumama bele kose crte. Sinu mu da to pandur obeležava kola kako bi ujutru na svima osvanula opomena zbog parkiranja preko noći, a pošto su ove ulice bile načičkane automobilima koji nisu imali gde da se parkiraju, on reče sebi, „Pa ovo je kao da pucaš u patke koje sede na zemlji."

Sledeće noći poneo je mokru krpu zgužvanu u loptu, i bio sav napet dok je koračao kolovozom, saginjao se iza stražnjih točkova svakog automobila, i brisao one oznake kredom. Trebalo mu je tri četvrti sata da obradi dva bloka. Radio je dok se nije oznojio, zatim je prekinuo posao jer mu u drugim ulicama nijedna kuća nije bila poznata a iza prozora nije bilo svetlosti. To nisu bili njegovi susedi.

Nedelju dana kasnije on lakonski klimnu glavom policajcu s belom kacigom i policajac ga mrko pogleda, a sledeće noći srete se s istim pandurom koji je sad išao pešice. On ukopča da pandur pokušava da ga ukeba i tiho se nasmeja, ali kad mu ovaj reče „Bolje pripazite", on kroči napred, strogo i zvanično, kao da ima posla s neposlušnim dečakom u razredu, unevši se preneraženome policajcu u lice, „Kako, molim?", i policajac se izmače u stranu a Oldem krete za njim ponavljajući, još nasrtljivije, „Kako molim? Kako molim?" a zatim se okrete i ode kući, ostavivši policajca samog na ulici.

Dok je prolazio kraj grmlja svibe osvrte se na prozore prekoputa, svi su bili zamračeni, i pomisli kako je tokom sedmice tim ljudima sigurno postepeno dopiralo do svesti da izjutra nema opomena na vetrobranima, a najviše mu je godilo to što ni pojma neće imati zašto su iznenada prestali da dobijaju te opomene, niti će znati kod koga da se raspitaju, pa čak ni šta se uopšte dogodilo. Vrativši se kući toliko se dobro osećao da se popeo i navukao zastor na prozoru kupatila, svukao se, ušao u kadu i okupao u vreloj vodi. Protezao se i smešio u smirujućoj kupki, znajući da onaj ko sad možda napolju u mraku stoji i gleda u svetlost iza njegovog navučenog zastora ne može ni da zamisli koliko ga zadovoljstvo potajno ispunjava.

PROVALNICI

Majka Sleverna Tetla priželjkivala je devojčicu. Sviđalo joj se ime Leverna, ali kad se rodio dečak odlučila se za Slevern i puštala mu duge kovrdžice sve do sedme godine, kad su mu deca iz ulice makazama za strižu odsekla kosu u ružičnjaku. Majka je plakala, ali on je to šišanje podneo mirno. Otac mu je poginuo bio u ratu, kao padobranac, na neprijateljskoj teritoriji. U sasvim bledom sećanju ostao mu je neki omanji čovek s naočarima s čeličnim okvirom, a mati mu je bila visoka, imala uzan nos – pastorova kći koja je postala mrzovoljna ostavši sama, osluškujući ne bi li čula muževljeve korake. „Malčice je hramao", govorila je, Slevern odraste sažaljevajući majku, a kad je jedne noći došao kući i zatekao je pred vatrom pijanu, odevenu u belu venčanicu, on objavi: „U tvom životu ja sam muško, majko." Ona ga šljisnu preko lica i, kad je pokušao da je zagrli, briznu u plač, a krv iz njegovog nosa kapala je po njenoj haljini.

Njene haljine počeo je da nosi tek kad je umrla. Danju je radio kao sudski činovnik, i milio mu se posao dok bi sedeo za sopstvenim ovalnim stolom, a dugački mu prsti poput pauka nemo klizili po tipkama. Ponekad bi mu sudija naložio da glasno pročita dokazni materijal. Tad bi redovno zagladio kratko podšišanu kosu, i izgovarao reči tiho, štektavo. Jedan mu je sudija osorno rekao da zbog njegovog jednoličnog piskutanja sva svedočenja zvuče jednako. „Svet je pun strastvenih izjava", naglasio je sudija. „I niko nije isti kao drugi. To uvek imajte na umu." Sudija prikupi svoju crnu odeždu i, dok se ona vukla po podu, pređe u sudijsko odeljenje, klimnuvši glavom advokatima s belim opršnjacima. „To mora tako", reče Slevern svom prijatelju Čarliju, koji je bio vozač autobusa na međugradskim linijama. „Gledaš sve te ljude i znaš da se sve vrti oko toga ko je od njih u ciposima s visokim štiklama. Pajkani se puvanderišu u zaštitnim kacigama kao svemirske siledžije, fukse glume nadurene junferice. Živi piš. Kako god da okreneš, život je nagradni bal pod maskama, Čarli, to uvek imaj na umu. Nismo uvrnuti mi.“

Čarlija, koji je imao dugačak, uzan nos i spuštene kapke nad očima koje su postajale malaksale i pohotljive čim bi ih malčice osenčio, upoznao je na jednom zatvorenom strelištu. Obojica su voleli brzometne pištolje i zejtinjavi sjaj burenceta dok bi stajali bok uz bok, od odjeka pucnjeva zaštićeni meko podloženim naušnjacima. Čarli je dobro orezivao ruže, takođe.

Kad bi se vratio s puta često je ostajao kod Sleverna. Imao je i orman u njegovoj maloj, drvenoj, od ulice povučenoj kući u jednoj slepoj uličici u centru. Kuhinja i muzička soba gledale su na vrt pun ruža, orlovih noktiju i sviba. Slevernu se vrt dopadao zato što je delovao izolovano. „Tamo napolju su neprijateljski rovovi“, govorio je Čarliju, ali katkad bi niz slepu uličicu nailazile skitnice i, kasno uveče, u stopu ga pratile. Često mu se činilo da ga uhode, i jedne večeri on se dade u trk, besan na ljude koji ga ne ostavljaju na miru. Ušavši u kuću pogleda mutno osvetljeni put kojim je došao, no tamo nikog nije bilo. Uznemiren, pohita ponovo napolje, motreći ne muva li se neko po žbunju. Znao je da u žbunju iza kuće vazda ima rašomonaca što vire i vrebaju, jer bi sparnih letnjih večeri, kad su prozori otvoreni, ponekad čuo pucketanje grančica ili prigušeni kašalj.

Čarli je bio nemaran i hodao lagano, vukući se. Čim bi ušao u kuću skidao je radnu odeću i oblačio čipkano rublje, i stavljao po koji komad nakita. Večeru bi obično spravljao odeven u prsluče, podsuknju, i cipele s providnim potpeticama. Znao je da su mu noge dugačke i lepe. Retko bi do kraja navukao zavese u kuhinji te je Slevern, sluteći da napolju u tami ima nekoga, jednom video kako promiče neka senka. Oštro je prigovorio Čarliju što se šećka polugo kao da su sami i potpuno slobodni na ovome svetu. „Nismo, razumeš", odsekao je osorno. „Danas je svako zločinac."

Čarli bi se uvek izvinio da mu je žao i navlačio zavese i zastore u muzičkoj sobi, pa se sklupčavao kraj Sleverna na maloj sofi. Slevern ga je ljubio u sklopljene oči, a ipak su postajali sve nabusitiji jedan prema drugome, i kad je Čarli jedne večeri prilikom neke zabave obukao bio kožno odelo s padobranskom opremom na leđima, Slevern pomisli kako se ovaj pretvara u šminker-pozera. U opremu je ubacio nekoliko malih boca šampanjca, te je dospeo u središte pažnje premda je bio omanji, niži od vitkog i gipkog Sleverna. „Pogledaj mene", govorio je Slevern osorno, „odavno sam zašao u tridesete a još izgledam kao atletska zvezda." Njihova ga je veza otupljivala i smatrao je da je za to kriv Čarli.

„Možda je muka u tome što me više ne voliš", primeti Čarli jedne noći.

„Ne budi šašav", uzvrati Slevern. „Lep si."

„Nisam šašav. Ja se svučem, a ti gledaš nekud kroz mene."

„Šta da ti kažem?"

„Kaži nešto."

„Možda se i suviše dugo poznajemo, možda odelo čini čoveka", reče, prebacujući nogu preko noge.

„Otkad su dve godine i suviše dugo?"

„Hoću da kažem možda smo se navikli jedan na drugog, to je sve. Ljudi se naviknu jedni na druge."

„E pa, ja ne. Nikad ne znam šta radiš."

„Možda to i jeste muka", reče on. „Više me ništa ne iznenađuje."

„I šta ja treba da radim, da cupkam s maškom?"

„Slušaj, samo ti govorim da sam u nedoumici. Možda treba da nekako drugačije gledamo jedan na drugoga. Otkud znam zašto mi je tako naspelo."

„Ako ti ne znaš, ko zna?"

Slevern začu neku buku napolju. Razmače zastore i pogleda u tamu, osluškujući korake. Pre neko veče letimice je video nekog čoveka kako hrama uz padinu vrta, te je pozvao policiju i čekao bezmalo dva sada, ali policajci nisu došli i on je otišao u krevet s Čarlijem ljutit, ogorčen što policija nije ozbiljno shvatila upad u njegovu privatnost.

Znao je da napolju, u vrtu, svake noći ima rošomonaca koji čuče u žbunju. U blizini se nalazilo nekoliko manjih stambenih zgrada, i rašomonci su vrebali žene koje su se bile zaboravile pa ostavile da im, dok se svlače, u spavaću sobu prodire nešto svetlosti. Slevern i Čarli vodili su sad ljubav u mraku.

A onda Čarli jednog dana zateče u poštanskom sandučetu nepotpisano pisamce od nekog tipa koji je tvrdio kako ju je video kroz kuhinjski prozor, „jer stajali ste u donjem rublju i kao da vas nije bilo briga, pa poželeh da vam kažem zdravo, super bi bilo kad biste u utorak u tri popodne pozvali priloženi broj. To je telefon u govornici i ja ću biti tamo i znaću da ste to vi i ništa se ne snebivajte jer nećemo moći da vidimo jedno drugo.“

Čarli obeća da će odsad držati zavese namaknute, ali Slevern je sedeo po kući ozlojeđen što je neko neometano stajao u mraku i gledao Čarlija. „Ja se ne računam. Hoću da kažem, ako je video tebe, video je i mene, zna da sam tu, ja sam muško u ovoj kući, a ipak se od tebe očekuje da lepo telefoniraš u neku tamo govornicu kao da ja ne postojim.“ On naglo raskrili zastore u dnevnoj sobi i osta mrko gledajući u tamu.

Nekoliko večeri kasnije, Slevern začu lagane korake kroz visoku trvu. Bilo je kasno i on i Čarli oblačili su se za bal uoči Velikoga posta. Očekivalo se da će doći nekoliko najgizdavijih transvestita i Slevern uzbuđeno reče, „Biće lova u vreme sova noćas.“ Imao je na sebi košuljicu od srebrnog lamea, prekrasnu smeđu periku, majčine bisere i crvene lakovane cipele. Čarli, vazda u malom zakašnjenju, još je bio u čipkanom rublju. Slevern razmače zavese i kraj kuhinjskog prozora ugleda jednog bledog mladića, gotovo krečnobelog lica s naočarima malih okruglih stakala. „To je“, reče Slevern, „to je taj“, i zagleda se za mladićem koji se penjao padinom u dnu vrta a za njim je kaskao mali crno-beli terijer.

Čarli, koji je upravo bio oprao kosu nad sudoperom u kuhinji i obavio glavu ubrusom, reče Slevernu da telefonira policiji. Slevern opsova i ode do ormana u spavaćoj sobi da uzme futrolu s pištoljem. Vrativši se u kuhinju reče, „Ne brini, nije napunjen." Čarli se nasmeja. „Trebalo bi da vidiš sebe", reče. Slevern je stajao odmeravajući težinu revolvera, kao da je to odjednom postalo važno, pa objavi, „Tako ću naplašiti tog dripca da će videti svog boga, samo toliko." On ode hodnikom vrckajući na visokim potpeticama, nadajući se da ga niko neće videti, saginjući se dok je, pošto je izišao na stražnja vrata, prelazio u zaklon od žbunja.

Zavinu uz rub nagiba držeći se stabla šećernog javora, potpetice njegovih cipela propadale su u meku zemlju, a on je bio siguran da ga niko ne može videti.

Spusti pištolj niz nogu i začu korake i psa gde njuška ispod žbunja, a potom se s druge strane drveta ukaza senka. On iskorači i objavi onim svojim tankim štektavim glasom, „Ne miči se s mesta, kučkin sine." Zapanji se kad mladić, uzmičući pred revolverom, uzvrati, „Vi ste zveknuti." Slevern, vireći iz senke, reče, „Nisam." Trudio se da mu glas zvuči razborito, no odjednom se poboja da bi ga mladić mogao napasti. Nenapunjen revolver nije mu bio od koristi i on se zbuni, ali mladić se u to saže i podiže psetance. „Vi ste zveknuti, gospođo", reče, „i ja odoh kući."

„Ne ideš ti nikuda", odbrusi Slevern, dižući glas.

„Ma nemojte", i mladić se okrete. Priljubio je bio psa uz grudi. Uplašeno pseto veslalo je nožicama po vazduhu. „Ja sad idem kući, a vi vidite šta ćete", izjavi. „Neće na mene pucati nikakva otkačena ženska. Jes' da ste zveknuti, ali ne baš toliko." Oklevajući, potom naglo ubrzavši, on krete oko kuće prema ulici. Slevern, nastojeći da ne zapne potpeticom o kakav ogoljeni koren, pratio ga je u stopu, govoreći, „Možda, ali makni mi se s nišana pa ću ti odvaliti glavu ovom pucom." Momak produži. Dok su prolazili ispred prozora muzičke sobe pojavi se Čarli, u prslučetu i podsuknji, bezmalo zračeći u ćilibarskoj svetlosti u prozorskom okviru. Iščetkao je svoju dugu crnu periku i izgledao lepši no što ga je Slevern ikad video, toliko lep da Slevern požele da zastane u tami buljeći u njega. Još nikad nije video Čarlija u toj svetlosti, ali onaj momak mamio ga je prema ulici i Slevern se odjednom razbesne na Čarlija što se vazda šepuri po prozorima i završta: „Za ime Boga, navuci te zavese. Sad je dosta. Navuci te zavese i gubi se.“ Trudio je da nehajno uglavi pištolj pod savijenu ruku.

„Kuda idemo, gospođo?“ upita momak kad su izbili na put.

„Kako to misliš, kuda idemo?“ začudi se Slevern.

„Kud’ idemo?“ ponovi momak, sunuvši na drugu stranu puta.

„Pandurima“, odvali Slevern, hitajući za njim.

„Ne vidim nikakve pandure.“

„Panduri su tu svuda“, reče Slevern, jer su policajci u žutim patrolnim kolima dolazili svake noći niz slepu uličicu i na sve automobile kačili opomene za parkiranje.

„Da, pandurima“, ponovi Slevern gledajući gore-dole po opustelome putu.

Momak je krupnim koracima grabio kroz nisko žbunje u malome parku idući prema prometnim ulicama centra. Slevern primeti da su gradski vrtlari potkresivali žbunje. Obilazio ga je da ga ne bi zakačio haljinom. Beše subotnje veče te je znao da će se posle kasnih predstava svi tiskati po restoranima.

„I uopšte, kog si đavola buljio?“ uzviknu Slevern. Nalazio se nekoliko koraka iza momka.

„Nisam buljio.“

„Naravno, samo si šetao kuče.“

„Tačno tako“, odvrati momak, „i to nije zabranjeno, ali se kladim da jeste zabranjeno nišaniti u mene tim revolverom".

„Gledao si u moj prozor“, reče Slevern, prebacujući pištolj u drugu ruku, „a ako baš hoćeš da gledaš gole sise, barovi su puni golih droplji.“

„Ne pijem", odgovori momak, „a osim toga, maloletan sam. Kršio bih zakon."

„Praviš se blesav", reče Slevern. „Ti si rašomonac, uhvatio sam te kako cunjaš i zuriš."

„Uopšte nisam", odgovori momak.

„Pa, možda", odvrati Slevern, iznenada se zapitavši šta će biti ako momak dokaže policiji da nije voajer, pa upita, „Kako se zoveš?"

„Vi ste zveknuti", odbrusi momak preko ramena. „Mislite da bih vam rekao kako se zovem?"

„Što da ne?"

„Vi ste uvrnuti", reče momak, a onda stade i okrete se, kružeći po mraku oko Sleverna, netremice buljeći u njega, pa se iznebuha razgalami, „Isuse Hriste, pa ti si jebeni muškarac. Jebeni muškarac u jebenoj haljini."

„Sad si potrefio, a kadar sam svašta da napravim, uštvo sitna smrdljiva", vikao je Slevern dok je momak hitao prema ulici Bliker prepunoj kineskih restorana. Kad su stigli pod mreškave neonske reklame, Slevern začu kako ga neko zove po imenu, osvrnu se i ugleda Čarlija gde bosonog taba uzbrdo, jednom rukom pridržavajući dugu suknju, a u drugoj noseći cipele s visokim potpeticama. Slevern i momak, zatekavši se na trenutak rame uz rame kraj ivičnjaka, zablenuše se u svetleće crvene i žute natpise i bleštave farove. Slevern iznenada obori glavu, kao da su svi farovi upereni u njega, i ostavi pištolj da mu se klati niz nogu. Momak, osvetljen sa svih strana, naglo prsnu u smeh i zakorači u saobraćaj a neki taksi zamalo ne pregazi Sleverna koji je krenuo za njim te Slevern odskoči u stranu digavši pištolj visoko u vazduh.

Ljudi se zablenuše u njih. Slevern pretrča ulicu za momkom no pre no što je i stigao da mu pripreti, momak se okrete. Skide naočari s čeličnim okvirom, okice mu behu sitne, mutne, i, smejući se, reče, „Pederčino glupa usrana. Idemo u usranu policijsku stanicu, a? Misliš da će panduri pustiti otkačenu nakazu ko što si ti da baza ulicama s revolverom u ruci?" S druge strane ulice Čarli, pošto se natakao na visoke potpetice, sav picnut i elegantan, šepurio se između kola, ostavljajući da mu se čipkana maramica vijori, i zaustavljao saobraćaj. Spustivši psetance, momak se krupnim koracima zaputi prema policijskoj stanici.

Nekoliko trenutaka Slevern je išao ukorak s momkom ali, pošto su primetili revolver, muškarci i žene počeše naglo da odskaču u stranu, besno sevajući očima, a neko povika, „Šta je s vama, gospođo, jeste li šenuli?" „Jebi se pa rasti", uzvrati Slevern. Na to se momak okrete i razgoropadi, „Ovo je usrana pederska nakaza, govnar u haljini." Neki postariji par ustuknu baš u času kad Čarli, u crnoj somotskoj haljini s dubokim okruglim izrezom, uze Sleverna podruku. Momak već beše daleko odmakao, osvrćući se preko ramena, a potom otrča u gomilu s terijerom koji je skakutao za njim. Slevern se iznenada uplaši i opsova, videći sebe kako vuče haljinu po prašnjavom podu sudnice, a advokat s belim opršnjakom brani ga „Niko nije kao drugi, gospodine sudijo." On zadiže svoju prorezanu suknju i kroz pojas za čarape uturi pištolj s unutrašnje strane butine. Čarli se zakikota. S druge strane puta, kineski konobari, svi u kelnerskim sakoima boje burgunca, behu se postrojili kraj ivičnjaka, mašući i smejući se.

„Za sve si ti kriv, seronjo", vrištao je Slevern na Čarlija.

„Ja kriv. Izlećeš iz kuće s pištoljem, kao ludak, a onda sam ja kriv."

„Rekao sam ti da se gubiš. Gubi se iz mog života. Ponizio si me."

On dohvati Čarlija za ramena i zavrte ga u mračni ulaz neke bakalnice. U izlogu su sijale čelične kuke a ispod njih su se na belim pločicama tiskale dve patke. „Fukso", vikao je Čarli. „Prokleta, usukana fukso."

Dok su se neonska svetla presijavala na njegovoj haljini od srebrnog lamea, Slevern šljusnu Čarlija preko lica i Čarli zavrišta, zamahujući levom rukom. Promašio je, te su se rvali sve do ivičnjaka gde se Čarli, dok mu je krv curila iz nosa, zaklati na visokim potpeticama i iskrenu članak. Slevern ga obori na zemlju. S druge strane ulice, konobari zagrajaše. „Jenki imperijalisti, marš kući", doviknu jedan.

Neki aljkavo odeven čovek, skitnica, dosmuca se pijano i stade iznad Čarlija koji je ležao upetljan u dugu somotsku haljinu, „Ma hajde", reče skitnica. Slevern ga raspali pesnicom u lice i pijanac pade i poče da plače. Slevern oholo iziđe na ulicu i, gladeći kosu i haljinu, tresući se, pređe na stranu gde su bili konobari. Haljina mu je bila malo krvava. On naglo zabaci ramena. Znao je da mu noge dobro izgledaju.

„E pa, ovo je svet muškaraca", doviknu konobarima brekćući bez vazduha, dubokim glasom. Začu se kikotav smeh. On namesti periku a u to naiđoše neka kola i Slevern se okrete na peti, zadiže suknju i uzdignutim palcem zatraži vožnju. Vozač iskrenu glavu preko volana, pa stade; naže se preko prednjeg sedišta i otvori vrata, samozadovoljno se smešeći konobarima. Slevern ugleda Čarlija kako baulja iz onoga ulaza sa somotskom haljinom pocepanom na ramenu. Slevern skliznu na prednje sedište i, lica uokvirenog prozorom automobila, dunu konobarima poljubac u stilu Hedi Lamar. Dok su kola kretala, konobari su pljeskali.

ZNAČI, U KREVET

Svi me prijatelji zovu Buker, ne zato što primam opklade na ponije ili što ličim na Bukera T. Vošingtona Uajta, pokojnog krivovratog pevača bluza, nego zato što kopam po knjigama, nisam knjiški moljac, samo ih prelistavam, čitam na preskok, i živim na preskok. Šetam žalima što ih zamišljam u sebi, tražim pepeljare u prirodnom stanju. I tako, kupujem po dve-tri knjige nedeljno, pa obujem čizme i čitam ih izjutra kraj prozora mog stana na keju, stan me dođe jeftino jer se nalazi onde kod stovarišta, odakle imam lep pogled na zaliv. Ponekad siđem na dokove i otplovim trajektom do ostrva, i tako čitam na suncu kao da sutra neće svanuti nov dan, a znam da hoće jer ja sam u stvari optimista. Uvek se nadam najboljem, i verujem da je čovek kovač svoje sreće. Sednem na gornju palubu, pa kad ugrabim slobodan trenutak, neispunjen razmišljanjem, pročitam po koju stranicu. To mu dođe kao drpisanje iz džepa, što reče stari Metju Arneld, koji je bio neka vrsta džeparoša. Posebni trenuci kad nešto vidiš sasvim jasno jesu sve, oni su probni kamenovi. Neki probaju pa čuknu u drvo, ja u kamen.

Ali da ne bude zabune, stari Buker nije čuknut u glavu. Buker se uveče otkačinje. Hoću da kažem, nastojim da nikad ne čitam noću, jer noćno čitanje je ko noćni vazduh, možeš da se presvisneš od zime. Zato udaram brigu na veselje, *Ujutru imam sina a kći noću.* To je moja pesma, a ovih se dana ta pesma peva u jednom majušnom noćnom klubu s plišanim separeima i ovalnom binom. Ovali me uvek podsećaju na jaja. Na velike početke. A nova klupska pevačica nabacila je zvučno plakatsko ime, Carica Endžel Ajz, ima hod bedevije i straobalne noge kao da je upravo stigla iz nekog *veldt* iz filma s Meril Strip koja, umesto da glumi, opet govori nekim naglaskom. Dobar štos. Svejedno, Carica mi je pokazala jednu svoju staru sliku na kojoj svira usnu harmoniku i nosi male bapske naočari. „Ako 'oćeš nešto da postigneš", rekla je, „onda moraš d' izgledaš ko da se nešto dešava. Jednoga dana bapske naočari, drugoga duboki izrez. I da ti kažem", dodade, pijuckajući dupli viski s ledom, „kako pevačice prolaze, Edit Pjaf je imala sreće. Svaka hoće da ti slomi srce kao Edit Pjaf, samo što ona to radi bolje."

„Blagi Bože", odvratih, „imaš ti pravo, sila si. Edit Pjaf je oduvek bila probni kamen."

„Kakav kamen?"

„Kad si jednom čula Edit Pjaf, onda znaš šta je pevanje", odgovorih, a ona odvrati „A to, biće da je tako... ali nisi čuo mene", a ja priznadoh, „Ne, nisam, tebe nisam čuo", a u stvari jesam, stojeći sinoć u dnu noćnog kluba, i ona nije bila Edit Pjaf, niti se to od nje tražilo, ali u svakom trenu mogla mi je slomiti srce, te stoga, „To si vraški sjajno primetila", rekoh, a stvarno sam tako mislio: „Strašna si, znaš?"

„Ne znam", odgovori, gledajući me belo, tupo, kao da joj ta misao nije ni doprla do vijuga. A to me navede da kažem, „Bejbi, stvari se dešavaju oko tebe, a dešavanje je, ako slučajno nisi znala, kad svetlost blista u tvojim očima punim iznenađenja." Nosila je srebrne kaubojske čizme. Pušila Laki Strajks. Njena kao slama žuta kosa presijavala se u svetlosti pozornice. „Znaš šta?" upita. „Kad mi je bilo šesnaest, spavala sam s Dženis Džoplin nedelju dana pre no što je umrla. Bila sam klinka, jasno, tražila malčice života. Akcije, znaš." Zabacila je glavu i nasmejala se. Imala je velike, nabrekle dojke i ja smesta poželeh da je povalim.

„Moram d' otvorim četvore oči", reče ona smešeći se.

„Zbog čega?"

„Mnogo sam izezana, čoveče, nemoj me i ti zeznuti."

„Znaš", rekoh, „divni su mali trenuci kao što je ovaj." Poljubih je u obraz, u stvari samo je lagano kljucnuh, da zna da se nikakva dugotrajna nevolja neće na nju sručiti s moje strane. „Ponekad", nastavih, zavaljujući se tako da vidi da se i sama može opustiti, „sedim i gledam vodu kroz prozor, živim dole na keju, i svaka kresta na talasu je kao poseban mali trenutak."

U to Edi Berk, vlasnik kluba, zdepast čovek spuštenih kapaka, i mrzovoljan kao da otpočinje dan sišući limun sa sve gutanjem koštica, sede i reče, „Upozno si moju malu Caricu, a?" Smejao se, jer nas dvojica se zapravo dobro slažemo. Znam da iza orkestra rado puši travu i, kao i svi narkosi, posesivan je, a zbog posedovanja ih i hapse kad ih hapse. Dobar štos. I tako on poklopi njene ruke svojima. „Pre tebe", reče joj, „držo sam ovde jednog starog crnog sket pevača. Najurio sam ga posle treće noći. U'vatio sam ga da se muva s jednom kelnericom, čoveče, a frka nija bila u tome što je matori švaler bio crn. Nego što je bio mator. Nisam mogo da svarim da ta matora drtina trti neko moje mlađano piče". Ja se nasmejah, uglavnom zato što je Edi očekivao da se nasmejem, ali primih srcu i malo upozorenje jer i to se od mene očekivalo, a Endžel Ajz ustade i ode da se presvuče za predstavu, a ja rekoh, „S nama je ovaj svet predivan, čoveče." Edi i ja stegosmo jedan drugome ruku preko stola. Na kraju krajeva, već nekoliko godina bili smo dobri pajtosi, a nije lako naći dobrog pajtosa. „Imam strašan njuh za žene", reče Edi, „i stvarno bi' voleo da skembam tu curu, ali najviše volim mlade devojke. Ganjam mlade devojke zato što imam strašan njuh za život."

Primetih da je Edi malo cirnuo, te rekoh:

Ništa ne može biti jedinstveno i celovito
Što najpre nije bilo raskidano.

Edi zadrža moju ruku. Čvrsto je steže, iskreno dirnut. "U pravu si", reče. „Ništa ne šljaka ako se živ ne iskidaš."

Obično smo mnogo razgovarali gore u jednom sobičku čiji su zidovi bili ukrašeni starim posterima iz vremena rok-revolucije i art-deko ogledalima, kao i raznoraznim drangulijama iz šezdesetih kao što su cveće i Mao kako izvodi onu svoju čuvenu imitaciju mrtvog meseca s očima i fantastični srcasti svećnjak od kovanoga gvožđa za mirisne zavetne sveće. Edi ga je maznuo iz neke stare napuštene seoske crkve. „Ja se ne molim, ali sav sam srce", uvek je govorio, sedeći i zadovoljno se kesereći upaljenim svećama. Nalazile su se tu i dve široke ležaljke, jastuci na podu, i jedan mali mrki tepih za koji Endžel Ajz, još prve večeri kad se popela, izjavila da izgleda kao vratašca u podu, te bi sedala na tepih prekrštajući noge i govoreći, „Pazite dobro, jednog dana samo ima da me nema", a ja bih joj odgovarao, „Enžel, nigde te nema."

Sedeli smo pijući viski i ja sam joj pričao o starim crnim bluz-pevačima koje sam jedared-dvared sretao po barovima, kao što su bili Misisipi Džon Hert i Otis Spen, sad obojica pokojni, a ona me je navela da se prisetim i svih svojih pričica o tim tipovima, i onoga što sam čitao o njima, te sam joj o svemu tome govorio kao da je njihova smrt bila težak gubitak za mene lično, što je mora da je i bila, jer uskoro sam sedeo tiho kao gluva kučka u slepoj ulici i gledajući belo zviždukao *Odavno je prošao onaj stari voz*, sve dok ona ne reče „Ne brini, čoveče, jednoga dana granuće sunce." Pogledah je i ne odgovorih ništa, no kad se ona povila ispred mene na tepihu za molitvu, položih ruku na njeno rame kao da sam knjiga o otkrovenju i, hladan kao vetar što poljem piri, rekoh, „Endžel, ti si zenica oka moga", pa prošaputah:

Bog se pojavljuje i Bog je Svetlost
Za bedne duše što prebivaju u Noći.

Endžel Ajz se uzmuva, zadrhta i dotače mi ruku. „Čoveče, Bog je umro", reče, ozbiljna kao grob. „Umro je, a ti nisi čuo dobru vest, mi smo slobodni. Ovakve pesme ne znače ama baš ništa."

„Znače da je sve otišlo do đavola, Endžel", uzvratih i moram otvoreno priznati da sam malčice povređen što se ona uopšte ne čudi otkud meni tolike pesme iz kojih recitujem, kao da je šuma puna momaka što recituju pesme kad više ni šuma nema.

„Veruješ u to?"

„U šta?"

„U pakao i te stvari, je l' veruješ u Boga i te stvari?"

„Endžel Ajz", pokušah da je urazumim, „nije u tome štos."

„Ma nemoj mi reći, a u čemu je štos?"

„Endžel", odgovorih, prignuvši se prema njoj, „štos je u tome da li Bog veruje u mene?"

„Opa", uziknu ona pljesnuvši. „Dobar štos, to mi se sviđa."

„Opa-opa", odvratih, jer mi je bilo jasno da sam je zadobio i ona me iznenada poljubi u usta, blago, slasno, i ja nastavih da navraćam iz večeri u veče, nadajući se da ćemo se makar malo povatati, pravo tucanje da i ne pominjem, ali ona je nabacila uzdržanu facu, stvarno mislim uzdržanu, kao da nas put do vrta ljubavi vodi čak preko Floride gde treba da uzmemo sobu u motelu na plaži, pa da otvorimo prozore i čekamo da vihori donesu seme s Kube. U baru se pak, svake noći ponašala blagonaklono prema svakome ko bi joj se obratio, pažljivo slušajući kao da čeka da joj neko uputi pravu reč. A na to, mogu vam javiti, meni stojko samo sulja naniže. Jer, bez reči ja sam ništa. Tako je to kod mene. Ja sam kovač reči. I tako, posle svih tih noći vunovlačarenja morao sam se upitati, morao sam se upitati ima li ta žena ikakvog obzira. Ima li ikakvog obzira u toj svojoj uspaljenosti. Dobar štos. A onda, jedne večeri, čuh kako joj Edi šapatom kaže da mu se stvarno dopada to što ona tako blago govori a ona uzvrati, „Većina žena ima glas kojim može seći staklo." Edi stavi ruku na njena krsta kao da je jedini vlasnik sveg vlasništva što ga je na svetu, ali ona odgurnu njegovu ruku i meni se to učini kao dobar štos, ramena joj behu zabačena tako da su joj dojke, slobodne ispod pulovera, izgledale okrugle, a dok se ona udaljavala Edi mi reče, „Peva za mene jedna slatka mala, ali nikako da je zbarim. Mora da naginje lezbosima." Posmatrao sam druge muškarce koji su poput ptičara svake noći kevtali oko nje, no ja sam se držao senke, ja i Dik Trejsi, nastojeći da privučem njen pogled, stojeći po strani, ponekad bi nam se pogledi i sreli te bih se ja nasmešio kao da znam sve

110

što ima da se zna, i jedne joj noći rekoh, „Kladim se da imaš jamicu na krstima."

Jednog ranog jutra, posle predstave u dva po ponoći, kad me je Endžel Ajz upitala da li bih radije otišao gore na piće s Edijem ili posedeo s njom i popričao, odlučih da ostanem s njom u zamračenome baru. „Htelo mi se da noćas posedim s tobom", reče ona. „Sviđa mi se tvoj glas, je l' znaš? Dubok je. Ja o muškarcima sudim prema njihovom glasu." Pričali smo malo o ovome, malo o onome, sve kao nema veze, ali glas mi dubok kako ona voli. Kad sam ustao da pođem kući dotakoh joj obraz i rekoh, „I dalje si ti zenica oka moga." Sutradan uveče sedoh pored nje i glasnim joj šapatom pročitah malu pesmu:

Crv nevidarac
Noću što leti
Dok vetar udara,
Našao je tvoju postelju
Od grimizne sreće:
A njegova mračna tajna ljubav
Tvoj život zlim prekreće.

Ona reče da ne zna šta to znači ali da zvuči divno. Tad joj počeh pričati o sitnicama koje sam tog popodneva zapazio u gradu, o svojim malim belim trenucima kako sam ih nazivao, belim zato što su bili to što su bili sve dok ih mi ne pretvorimo u ono što hoćemo da su, recimo o tome kako sam išao jednom tihom ulicom i spazio nekoga za kog sam pomislio da je uparađeni petnaestogodišnjak. „Nosio je mali sako sa špicastim reverima i šešir s naviše povijenim obodom, a ispostavilo se da je sedamdesetogodišnji čilager, a imao je i štap s crnom kutijicom na kraju koji je držao u ruci, u kutijici su bile baterije, a ispod štapa, krećući se po pločniku putem daljinske kontrole, valjda, furao je majušni automobil veličine cipele, i ja ga upitah, 'Šta to radite', a on odgovori 'Šetam auto' i ode dalje. Jebo te, ode dalje šetajući auto." Ona se tiho nasmeja i dodirnu mi ruku, kao da joj je prvi put stvarno stalo, a ja se upitah šta je to u tipu što šeta auto-igračku uspelo da je napali.

„Zlatan si. Rekla bi' da pričaš ko iz oni' knjiga što i' vazda čitaš."

„Pa", odvratih, „trudim se da budem zlatan. Čukni u kamen."

„Čukni u šta?"

„To je samo mala šala."

„Baš si zlatan", reče ona i osmehnu se.

„Nemaš ti pojma", odvratih, „koliko zlatan umem da budem. Imam ja cake i fazone za koje devojčice i ne znaju."

„O, verujem ti", reče ona. Steže mi ruku pa ode na pozornicu i zapeva kao da peva za mene:

Nikad je samo odjek od zauvek,
Usamljen kao ljubav koja se mogla desiti.

Popeh se gore i ostadoh ceo sat pijući viski s Edijem, a kad sam sišao, Endžel Ajz upita da li nam se ide na kinesku klopu. Restoran je bio omiljeno non-stop stecište za ljude iz šou-biznisa. Čajnici behu puni konjaka i šampanjca. Dobar štos. Za susednim stolom sedeo je neki trbuhozborac koji je pričao kao Mortimer Snerd, „Snerd priča, vetar nosi", Tiha voda breg mokri – i svi su se smejali i napijali, a Edi pokuša da stepuje, što je više ličilo na čepanje, jer on je u stvari voleo da igra po tuđim glavama, a onda, kad se razdanilo, Endžel Ajz objavi, „Carica 'oće kući." Pogledavši me kao da sutra neće svanuti novi dan upita, „Ideš u mom pravcu?"

„Razume se", odgovorih toliko iznenađen i pijan da se počeh rukovati s njom.

Edi me mrko pogleda i mene obuze nelagodno osećanje da je naše prijateljstvo upravo krenulo u tri lepe. Više se nećemo pajtati na plaži. Dok sam s Endžel Ajz stajao na ulici, na vazduhu studenom u bledoj svetlosti praskozorja, zarih lice u njenu kosu, uglavnom zato da ne bih pao, i prošaputah:

Bledi mesec zapada za beli talas
A vreme zapada sa mnom, Oh.

"Oh", reče ona a ja se u taksiju ugnezdih u njenom naručju, zatvorivši oči da ih zaštitim od mutnog bleska svetlosti.

„Čudo živo što je baš meni naspelo da budem pevačica", reče ona odnekud, „jer moj otac je bio nem."

„Nem?"

„Aha. Ja bi' mu pevala, a on bi samo sedeo i smešio se otvorenih usta."

„I ništa nije čuo?"

„Jč. Ni jedne jedincate reči. Sumanuto, a nikad nikom nisam rekla za to", prošaputa ona, „i zato mi se čini da si mi stvarno blizak. Kad god progovoriš moram da skupim kolena."

„Ma nemoj. A što?"

„Pa zbog tog tvog glasa."

Živela je sama u maloj garsonjeri. Bio sam umoran i naliven kao čep, te se, dok je ona otključavala vrata, naslonih na zid. Unutra se ona bez reči poče svlačiti, te se i ja takođe razodenuh, govoreći, „Bejbi, ovo ima da bude super. Reko' ti da smo mi super, a sa' će da bude super. Veruj ti meni." Kad smo se svukli goli pogledah je i rekoh, „Bokte, imaš strašne grudi." Učini mi se da sam, onako pijan, šutnut pravo na sedmo nebo, samo što nisam znao gde mi je kita. „Hamlete", upitah, „hoćeš li smazati tu breskvu il' si se popišmanio?" Ali, bio sam sav mlitav. Ona dodirnu moje grlo, od čega ja poskočih, pa se izvali na bele čaršave. Kad sam dotakao unutrašnju stranu njenih butina, ona poče uzdisati, lagano mrmljati, zapanjujuće dra't esno. *Mmmm*, mrmljala je, *mmmm*, a meni je sva krv bila u glavi, očima, ne zezam se, čoveče, te počeh da meljem ko navijen, ko da se puši iz poda, a Carica se samo izvrnu na leđa i reče, „Daj malo čoveče", a ja pomislih, Oh, Isuse, gde si kad je crklo ono što se traži. Eto nje gde žudi za mnom i ja se upeh da zavladam sobom, i to iz petnih žila, što nije bilo bogzna koliko jer ostade mi mek ko duša, tako da sam odugovlačio i izvlačio se kroz šaputanje. A onda začuh zvonjavu. „Šta je sad to, dođavola?" uzviknuh.

„Kraun Lajf."
„Šta?"

„Osiguravajući zavod odmah do mene, imaju traku sa zvonjavom koja se svaki sat oglašava preko zvučnika."

„Gospode", uzdahnuh i, da dobijem u vremenu, ludački zapevah, „Zvone zvona za mene i moju malu." Ona ponovo razmače noge i potisnu me naniže, pa ukrsti gležnjeve iznad mojih krsta i ja na tren ostadoh ispražnjene svesti. Mislim, stvarno ispražnjene. Ravna crta na monitoru. Obuze me neobičan osećaj da se nalazim na drvenom konjiću za ljuljanje. Ona je šaputala slatke reči, ljuljajući me u naručju, ljubeći mi vrat, a ja sam jahao drvenog konjića i jezdio u nedođiju. A kroz roletne su dopirale oštrice svetlosti, zasecale mi se u oči, zasecale se u mene i ja osetih malo nabreknuće. Malo mi se kao digao i ona ga se maši rukom i ja joj ga oprezno uturih govoreći sebi da samo treba da se ne zaustavljam, da moram misliti na nešto drugo, ili ni na šta pod milim bogom, i da se nadam da će mi se ukrutiti, te otvorih oči i u svetlosti što je dopirala kroz roletne videh da se iza uzglavlja nalazi polica s džepnim knjigama. Silno mi laknu. „O Gospode, želim te", uzdisala je ona, a ja pomislih da ako uspem da se ne zaustavim, ako uspem da odvojim svoj metiljavi um od tela, onda me telo možda i neće ostaviti na cedilu. Trebalo je samo da nastavim da ubadam kao da nisam tu, a ona jeste. I zato počeh čitati naslove knjiga, sav sam se udubio u naslove knjiga dok sam preletao pogledom tamo-amo po polici, zabrinut, a bedra su mi poskakivala gore-dole, začuh i njeno slabo ječanje, ali tamo nije bilo ničeg, nijednog poznatog mi naslova, ni jedne jedine knjige, i meni naglo pade, zaribah i nađoh se na mrtvoj tački jer i ono malo kite što mi se našlo splašnjavalo je.

Nisam imao šta da kažem. Njoj grunuše suze na oči, no ona ih otre. Ustadoh, osećajući se bedno. Ona je ležala upiljivši se u mene. Ja smotano slegnuh ramenima, kao da mi nedimak „Ovca", kao da mi nema druge do da ćutim. „Pa kaži nešto", reče ona, nagnuvši se napred, stežući čaršave, ostavljajući iz izguvžane i nabrane.

114

„Nije nego“, nastavi. „Sve vreme sam neprestano zamišljala kako ćemo biti zajedno, i uspela da ti se nabacim, a sad ti nemaš ništa da kažeš?"

„Šta ima da se kaže?"

„Mogo bi da kažeš da ti je žao.“

„Važi. Žao mi je“, rekoh, i dalje stojeći u mestu zatvorenih očiju.

„Mrzim muškarce koji kažu da im je žao“, povika ona ustajući i navlačeći na one straobalne noge nanule s visokim potpeticama. Stajao sam podbočen zureći u razbacane, izgužvane čaršave, svaki nabor talasić, kao da stojim pored svog prozora i posmatram jezero.

„Sve sem da ti je žao“, reče ona iskrivivši usta. „Mogao si da kažeš sve sem da ti je žao. Tu je koska.“

Iznenada se užurba oko kreveta i pokupi svu moju odeću i cipele.

„Nemoj, Endžel“, rekoh i ispružih ruku, da vidi koliko sam bespomoćan, kao da mi je sreća okrenula leđa a ja izgubio svaku moć. Ali ona otvori vrata, ja pokušah da se nasmejem, no ona mi ne uzvrati osmeh.

„Upozorila sam te da me ne zezneš“, reče. „Verovala sam ti, i zato se sad tornjaj.“ I izbaci moju odeću i cipele u hodnik.

„Dobro, nije mi žao“, rekoh.

„Pa šta ti je onda?“ uzviknu ona.

„Otkud znam, da ga jebem“, viknuh i ja kao da sam ljut, ali nisam znao šta drugo da reknem.

„Samo toneš ko kamen“, reče ona, sklonivši se u stranu da prođem. Iako sam bio go golcijat napravih jedan korak, pa još jedan, i nađoh se u hodniku, zureći u nju. Ona zalupi vrata, zalupi vrata za mojom golom guzicom. Osetih kako mi se hladi glava. „Neću presvisnuti zbog tebe“, doviknuh. Hitro se uzmuvah, skupljajući odeću. Čarape su mi bile zapale za krevet, video sam ih jasno kao dan, i sad ću morati da obujem cipele na golu nogu. Pohitah, bojeći se da neko ne pozove pandure i prijavi da se nekakav tip pokazuje nag u hodniku i, da bih dobio u vremenu, navukoh pantalone što sam brže mogao, a gaće strpah u džep. Ali s bosim nogama nisam mogao ništa.

Srećom, čvor na kravati još je bio vezan te natakoh krava-tu preko glave, zategnuvši je ispod grla i, ko da to nije ništa, čoveče, te krenuh krupnim koracima niz hodnik, i samo da sam imao i čarape bio bih 'ladan ko vetar što po-ljem piri, što uopšte nije loše, da čukneš u kamen.

NEČUJNA MUZIKA

Kad se ujutru probudio popio je malo soka od pomorandže. Potom je izišao na zastakljenu verandu pred starom porodičnom kućom, žutom drvenom kućom s okomitim škriljčanim krovom. Sede u stolicu s rebrastim naslonom i zagleda se u krparu, pa ode do prozora i stade tik uz okno, gledajući u staklo, slušajući ptičji poj negde sebi iza uha, bezglasni zvuk za koji je mati govorila da ga je samo nebo poslalo dok bi s navijačama u kosi sedela ispred prozora sa starim čipkanim zavesama koje je previše sunca i pranja pretvorilo u dronjke, zureći kroz proreze svetlosti i rupice od igle i crnog psa napolju, s one strane prozora, i ako tvoje oko ne čuje kako psu kaplje slina s donje čeljusti, i jezik isplažen između dva bela zuba, ako mu ne čuješ disanje – kako da prepoznaš njegovu vrelinu na svojoj šaci kao vrelinu ložišta kad sam bio dečak, Ensel Mor sa svojih trideset i nešto godina, a mati je slušala sopstveni ptičji poj iza uha i pratila ga lupkanjem u trijangl u staračkom orkestru, kao da je to neki nagoveštaj nečega ispuštenog iz njenog života a znala je da je ljubav to što je ispušteno, premda je mene uvek zvala svojim detetom ljubavi pošto oca nigde nije bilo, nikad ga nisam upoznao, te pretpostavljam da je izostavljena bila izgovorena reč ljubavi, koju je on kao dete čuo jedne studene zimske noći, dok se ložište u kuhinji žarilo, a ona, šćućurena nad telefonom, tiho govorila:

„Zahvalna sam, znaš i sam, ali teško mi je, tako samoj, ni glas da ti čujem, a kamoli da te dotaknem."

Ensel je otišao u svoju spavaću sobu, do kreveta na sprat koji je majka kupila na rasprodaji rekavši „tako ćeš imati još jedno mesto za igru, kao sanduče s peskom, mali krevetac-sanduče na nebu", i ponekad je spavao dole, ponekad gore, uvek svestan toga da iznad ili ispod njega postoji jedno prazno sanduče, i onda je pod krevetom našao plišanog medu. Voleo je svog plišanog medu. Svake je noći spavao s njim. Potom je otišao u kupatilo. Uzeo je jedinu majčinu bočicu parfema i izlio je na medu. Sačekao je da majka spusti slušalicu; ostala je sedeći u senci, glave oslonjene na ruku, zureći u pod. Tad joj je dao medu. Iznenađena, prihvatila je medu ispruživši ruku, čudeći se mirisu, a onda se spazivši praznu bočicu u njegovoj ruci, razjari. Steže medu i on kmeknu, a ona otvori vratašca ložišta i zavitla medu u vatru gde Ensel na tren spazi kako je meda, izvaljen na leđa, oživeo poput buktinje, te sklopi oči a ona zalupi vrata i ode na spavanje. Sutradan, rano ujutru, po studeni, kad je vatra zgasla a majka se još nije bila probudila, on skide rešetku, proseja pepeo i nađe okruglu srebrnu zvučnu kutijicu s izbušenim rupicama i uvi je u belu maramicu verujući da je to srce njegovog plišanog mede *i ponekad sam osluškivao kao da bi boginjavi mesec mogao progovoriti, oko koje gviri i trepće zbunjeno kao i ja, oko-odjek mene koji sedim i hranim se njenim bolom kao da ližem džinovski lilihip, ona oznojena obraza, isped vatre, ozloj eđenosti puna, razočarana, ili izvaljena u ležaljci u vrtu, u senci ogromnih suncokreta, ispružila noge, smeši se i nešto šapuće samoj sebi, i mnogo godina kasnije tutnuh joj u ruku srebrnu zvučnu kutijicu dok je plela, igle joj zveckale kao malo zveknuti satovi, preskok u zveckanju kad je ispustila petlju, i ona položi pletivo i upita Šta je to, okrete zvučnu kutijicu i pročita Fabrika igračaka Ekmi, zaštićeni patent, vazda taj užas nezaštićenosti, ponekad pogledam svoja stopala da vidim da li su mi noge još tu, i brzo se okrećem da vidim nije li se on odjednom pojavio, bezlično lice među mojim šakama, usne joj se miču dok ćutke zuri u nigde, među mojim šakama, i okreće se jednog dana kad ni nje nije bilo,* a kad je umrla opelo je održano u kamenoj crkvi. Kišilo je. Kroz crne grane javora svetlucao je škriljčani krov.

Okupilo se bilo dvanaestak poznatih mu parohijana: žene belih lica, u širokim kostimima s pantalonama, neki čovek s nogavicama uvučenim u čarape, miris Old spajsa, Sepasola i tamjana, a iz staračkog doma došlo je nekoliko starih gospi i muškaraca s tvrdim belim slamnatim šeširima. Kad su zvona zazvonila uhvatili su se za ruke, napaćeni Hristos širom raskriljenih ruku, skače s krsta, zanesen, a dečaci iz hora zapevali su kad je Ensel krenuo kroz crkvu za ocem Kuperom i ćutljivim plaćenim nosačima kovčega, dosada mu u srcu dok se seća majke od pre mnogo pre no što je počela da nosi zavežljaje pod miškom, još iz vremena kad mu je, pijući čaj, rekla „Ceo život je krpež, i da se tvoj otac oženio mnome to bi bio kraj Morovih, ali ti si Mor a to znači da kuća još ima nekog značaja, iako to baš i nije neka kuća, građa i sve, ali vatra u kuhinji je prijatna, oduvek sam volela otvoreno ognjište", *otvorenu ranu, gnojenje nemih reči odnekud, dugački niz pradedova koji su tucali zapevši iz petnih žila, neznani, nerečeni, sami u kao led studenom prostoru kao što smo svi sami nemajući Boga već samo Njegovu majku, majku Božju, eno je u Crnkinju prerušene kao u vodvilju, i ona kraljica sveta, sama* a kad je bio dečak otkrio je da gotovo sve žene u ulici krišom, piju i ponekad viču jedna na drugu i gaze travnjake pred kućom. Sinovi i očevi izginuli su u ratu i žene su ostale same. Dečačići su se vrzmali oko majčinih sukanja zatičući ponekad zapušač među jastucima na sofi, ili oko gospođe Glederi na sve četiri među ružinim grmljem, na golim joj mišicama male posekotine od trnja, pa govori ne ne mali nevaljalče, meka i jedra dok se sunča na ravnom limenom krovu zadnjeg dela kuće, navela ga je da prevlači rukom po unutrašnjoj strani njenih butina i zavlači prste u šupljinu ali mu nikad nije dopustila da je dira onako kako je ona dirala njega, i jednog ga je dana trljala pitajući ga zar on to ne radi pre spavanja kao njen mali Stjuert, a onda mu rekla da joj mora obećati da nikad neće kazati Stjuertu, pa primetila „Ali ti, naravno, ni sa kim ne razgovaraš, jel' tako", i nasmejala se, dok joj je haljina visila sa eksera *kao stare izduvane crvene unutrašnje gume u onoj*

garaži dole na puteljku, mrtve zmije, jer posle rata je
majka našla zmijsku košuljicu kako pliva u buretu s
kišnicom i tri uginule ptice, košuljicu je bacila u peć a
ptice prikovala za zid verande pa su kosturi tamo visili
celo leto, ono kad sam idući puteljkom prolazio pored
sredovečnog debeljka koji je uvek sedeo na tronošcu pred
garažom, tiho se smejući otromboljenih usana, u
končanoj potkošulji, i neprestano praveći papirne avione
od gomile novina, lebdeća koža i kosturi a na kraju
puteljka podvožnjak, vlažan odsečak prostora pod
železničkim tračnicama kojima dnevno prolazi trideset do
četrdeset vozova, a on je stajao pod mostom, drhteći i
tresući se od tutnjave točkova teretnog voza, težina zvuka
gotovo bolna no ipak ju je želeo, a kad bi se voz udaljio
uspentrao bi se uz šljunčani nasip i stajao gledajući kako
iščezava i poslednji vagon, službeni, *možda je otac bio*
pratilac voza, a jednog dana majka reče „Ovo ću ti reći,
klavir je svirao ko sam vrag", *pokazavši mi hrpu nota,*
sivi zidovi papira kao sivi zidovi Silvervuda, dugačke
mlekare s vratima i tovarnim rampama iz vremena kad su
kola vukli konji a kratka uličica bila puna prolivenog
mleka, kiselog i žućkasto-belog, zgrušanog sira i konjske
pišaće i balege, ostali dečaci su je zvali drumskim jabuka-
ma, i onda bi se obično pojavio čovek koji vodi konje, a
on bi se zagledao u runjavu dlaku oko kopita, njihov spori
hod i ogromne, ponekad nabrekle udove, ljudi bi blenuli i
okretali glave, mršteći se, dok su konji izgledali kao da se
smeju, usne im izvijene unazad kao u gospođe Glederi i
onog nasmejanog čoveka iza njegove kuće koji je pravio
avione od papira *a na bregu, golema ograđena kamena*
kuća, od majke je doznao da je neki čovek po imenu
Dijabol bankrotirao gradeći je, ali on nije bio siguran šta
znači bankrotirati no svejedno, *ime Dijabol mi se dopada-*
lo zato što sam želeo vazdušni pištolj na dijabole pa, ako
bi mi se otac pojavio, mogao bih ga gađati u nogu, ne da
ga ubijem, samo da ga ranim, i kad bismo ponekad išli u
izviđačke pohode kroz žbunje duž zidova oni bi stigli do
vrha brega, do cvetnog vrta s lejicama u obliku romba, a
jednog dana pojavila se neka dama u dugačkoj haljini pa

je Stjuert rekao „Gledaj tamo, princeza, istinska princeza", a kad se okrenula Stjuert reče „Ma sranje, kakva princeza", jer je, onako zasvođenih očiju, izgledala umorno i iznureno, a Ensela je pogledala isto kao i njegova majka i žena koja je previše pila zato što su sedele sasvim same i mahale deci čipkanim maramicama, i on se celog života tužno smeškao svakoj ženi koju bi sreo, kao da razume njenu usamljenost i potrebu za malo utehe, te se izveštio u tešenju usamljenih žena premda nije bio siguran da li je ikad uspeo da uteši svoju majku, jer čak i kao dete s glavom uz njenu dojku čuo je kako joj kuca srce i dizao pogled, osluškujući njen šapat o boji praskozorja pre izlaska Sunca, i o istom onom tonu sivog, samo uz izvestan odbljesak i nešto ružičastog, što ga je bila videla u biserima kad je neko vreme radila u draguljarnici, i o staklu *kako je volela staklo*, i plavoj vazi koju je kupila, jajasto plavoj koja je na sunčevoj svetlosti prelazila u ružičasto, te bi govorila „Eto kakav bi život mogao biti samo kad bismo imali snage, a u meni ima divljenja koliko ga je na svetu ali snage ne, a istina je", rekla je pre odlaska u starački dom „volela sam svoju razočaranost, privijala je uza se kao finu svilu, a sad ću leći u nju, svileni pokrov nije za potcenjivanje", i on iziđe iz crkve za kovčegom na pljusak a jak istočni vetar ponese kišu u farove malobrojnih automobila koji su išli putem prema groblju, pored Heroldsove prčvarnice i starog bioskopa pretvorenog u bilijarnicu, kamenog ratnog spomenika i pijace polovnih automobila „Kod naslednika". Sahranili su je pored nadgrobnih ploča prekrivenih vlažnim opalim lišćem. Kiša je snažno šibala ukoso, otac Kuper je izgovorio molitve a članovi orkestra kleknuli uprkos pljusku i položili šake na kovčeg. Jedna žena reče prijateljici: „Bila je hrišćanka u hrišćanskoj zajednici."

„Oh, i šire", uzvrati prijateljica.

Otac Kuper i ostareli muškarci i žene zapevaše „Čuj nas, o Gospode... Čuj nas", zbog kiše se šćućurivši ispod crnih kišobrana koje je vetar naglo posuvratio naviše kao ogromne crne lale, *a u mačjem oku mrtva ptica, kao jednom na jezeru na drveću obraslom lišajem dno severne*

strane stabla, čipka, plesnivo zelena, vazda čipka čija se
čar raščinjuje, zmija na niskoj grani svijena oko ptičjega
gnezda poput gume starog točka omotane u omču vrh
sebe same, hladna iščekuje o zvezda upekla, gnezdo, zvez-
dolika zamka na stomaku, njeno gnezdo, gole dojke, nago
devojče, u svesti mi izbija kako je tamo stajala, na
visokim potpeticama, listovi joj nabrekli i ja nabreko,
nasmešeno devojče velikih dojki a ja, stojeći pred njom,
nagnut, sisam joj dojku, malo utisnuće u bradavici, prsti
joj u mom okovratniku prebiraju mi kosu dok moj srednji
prst ruje po njoj, toploj, palac mi na njenom runu bezma-
lo svilastom sve dok ona ne kaže ja ću tebi, tamo na
belom tepihu u njenoj velikoj beloj sobi, pa vidiš da mi se
sviđaš, reče migoljeći se, a ja sam mogao da čujem crve
gde zid mrve i mamu kako peva tari-tari-ladi, tri čoveka u
kadi – zašto bi se prljavi matori pijanci zvali tariladima
opruženim u kadi za kupanje, zahvalnosti pun zbog nje
što se dole kao u molitvi između mojih nogu pita šta da
radim šta da radim, ne toliko ko koliko zašto, zašto sam
uošte bilo gde na celome ovom svetu, a sada ovde u
kuhinji gde je seo uzevši jednu majčinu kutiju za šešire.

Prekrsti ruke i oslušnu pitajući se da li je glas koji je čuo njegov.

Slušalica telefona je spala s kuke. Čuo je duboko zujanje a potom opominjuće piii. Ni sam nije znao zašto je zadržao telefon sad, kad je majka umrla. Ničemu više nije služio.

Okačio je slušalicu. Na stolu su se nalazili tanjirić, kriška suvog dvopeka, ljuska od pomorandže u šolji, ruševna humčica pisama i računa, stari budilnik na navijanje s malim zvoncetom odozgo, i velika, mesecu nalik okrugla lupa. Našao je bio novinsku fotografiju svoje majke kao mlade žene, štampa požutela i istrošena, bez datuma, bez objašnjenja. Fotografija je bila izrezana do same ivice. Majka je stajala smešeći se u crnoj haljini s mnogo nabora. Položi lupu tik uz papir. Majka je izgledala srećno. Na dnu kutije nalazila se neka brazda i mrlja od suvog grožđa. Bilo je i iscepanih komadića neispisane hartije, jedna minđuša, tanka crna somotska ešarpa, sasušeni buketić i presavijen komad školskog notnog papira.

———————————————————————
———————————————————————
———————————————————————
———————————————————————
———————————————————————

Nota nije bilo. Kroz predsoblje ode u dnevnu sobu i stade kraj uzanih izduženih prozora. Nad kaminom se nalazilo biljurno ogledalo. Položi ruku na brokatom presvučeni naslon stare majčine naslonjače. Zatim dohvati jednu od majčinih staklenih činija, čiji su bledocrvenkasti tonovi na svetlosti prelazili u tamno ružičasto i ljubičasto čudno, ta žena koja se zadovoljavala malim mnogo je volela promenljivu svetlost, i on je sedeo pevušeći, zagledan u niz malih portreta koje je našao u njenim kutijama za šešire i poređao ih po kaminu. Nije znao čiji su. Na poleđini nisu pisala nikakva imena, ništa, *milosna svetlost nule, život tako sačuvan da bi mogao i zamreti, kao mama, tiha i spokojna poput trave na kojoj je stajala, na kojoj su pune okrugle potpetice njenih čizmica ostavljale rupice, nule, zvučnu kutijicu za crve u travi, crna, doterana, šetačica, vazda nemarna prema svemu osim kad je noću šetala sama pa nagazila na sugreb ili se izgrebala prolazeći ispod merdevina, a jednom je u naručju donela crnu mačku iako je bila alergična, strastveno usredsređena na sebe, poput krila vijka koji smo kao klinci umeli da zafijučemo u zrak, kovitlac latica kao jednom kad je neki klinac mlatio po vrtu kratkom drškom od metle a mama ga tako ošamarila da mu je rascepila usnu, uzbudivši se zbog krvi i povikavši O Bože, godina za godinom prolazi, rekla je, i svi drugi postižu šta hoće, postižu na način koji sam naučio od stare gospođe Hanter koja je imala srebrne paoke na svom uglackanom otmenom fordu još u vreme kola s konjskom zapregom, Silvervudovih kola, i konjske balege na ulici, i o njenog unuka, na način kojim se on služio kad je hteo da postigne nešto, stao bi i trljao se drumskim jabukama*

123

po celoj glavi dok mu gospođa Hanter, vrišteći, ne bi dala
sve što je želeo, a on osmehnut, umeljan u govna, i to ti je
način koji biraju, umeljani u govna dok sunce sija pa
krete u dužu šetnju, švrljajući kroz radnje, posmatrjući
pajkane s tvrdim belim kacigama poput siledžija i nar-
kosa, vizire koji su im prekrivali lica, blistave plastične
oči što odbijaju svaku svetlost, a Ensel je koračao namer-
no se praveći da mu je prijatno premda je osećao da tek
što nije počeo da puca po šavovima, i dok je hodao sklo-
pio je oči i nizao nazive radnji: Sveplz-lekovi, Denfort
Radio, Kolači Edenek, a kad je ušao u Vulvort na zidu
iznad Kancelarijskog materijala i Finih toaletnih
potrepština ugledao je neku sliku reprodukovanu na plat-
nu, klimavu belu crkvu gde se izdiže spram tamnog neba
osutog zvezdama nalik krupnim suncokretima. Svidela
mu se ta gotovo dečja umobolna veselost. Iznad okvira
kamina se nalazilo samo ono biljurno ogledalo, majčino
ogledalo, jer majka je govorila da ogledalo povećava
sobu, ispunjava je svetlošću te je i zidove obojila belo da
istakne svetlost, no on je više voleo verande, prednju i
zadnju, *kao male kuće, svaki prozor mali zaslon pun živih*
senki, a sliku je kupio i poneo je pod miškom upakovanu
u veliku mrku papirnu kesu. Sutradan ujutru beše hladno i
vedro i napadali sneg bleštao je na suncu. Odvrnuvši
hromirane zavrtnje skide ogledalo. Ukuca ekser u zid i
okači sliku pitajući se zašto li je majka više volela prazno
ogledalo od crkve bez obzira koliko klimave jer i sam je
život klimav, te ti je potrebna neka izvesnost jer ničeg,
baš ničeg drugog nema, mama, između nas i prljavštine
koju sami pravimo, štete koju činimo čineći štetu drugima
i odluči da odloži ogledalo u ostavu za alat u dnu vrta.
Bilo je teško te ga je nosio ispred sebe kao orman. Sneg je
bio dubok i netaknut. Svetlucao je na jarkoj sunčevoj
svetlosti. Koračajući oborene glave i gledajući gde staje
odjednom pomisli da sigurno izgleda smešno i pogleda se
u ogledalu no sve što je video beše zaslepljujući bljesak,
rasprskavanje svetlosti. Stajao je ispruženih ruku, držeći
svetlost, nesposoban da zatvori oči ili pronađe svoje lice.
Tad ispusti ogledalo koje poput sečiva potonu u sneg. Sve
što je mogao da vidi behu svetlost i sneg i prazno nebo.

Raznosač mleka zateče ga gde tako, bled i iznuren, stoji ispruženih ruku zureći preda se, i povede ga natrag u kuću i posadi na stolicu rekavši „Ne brini, Ensel, sve će doći na svoje mesto, videćeš“, no on je iz dana u dan sedeo zureći, gotovo ne jedući, a po koji bi sused svmuo i nešto mu malo pričao pa odlazio odmahujući glavom. Ponekad bi se digao i stao uz sam prozor, gledajući u okno kao da u njemu nečeg ima. Svaki dan rasnosač mleka bi mu rekao „Ne brini, ništa se ne taje večno, videćeš“, a jedno popodne navratio je i stari otac Kuper. Bilo je vruće; otvorio je vrata i otac Kuper mu dotaknu rame i promače unutra setna pogleda, bez reči, pa zabivši ruke u džepove krete prema stepenicama. Otac Kuper se nasmeši Enselu. „Poznavo sam tvoju majku, znaš, još od pre mnogo godina.“ Pogledao je uz stepenice i slegao ramenima rekavši, „Svi volimo da mislimo da smo igrali neku ulogu." Ensel, zbunjen ovom prisnošću, uzmače u dnevnu sobu. Starac pođe za njim govoreći „Ako si slučajno zaboravio, ja se zovem Kuper“ te pruži ruku i dotaknu Enselov obraz. Ensel sede ruku prekrštenih preko grudi dirkanje brkovima, zaboravio sam na dirkanje brkovima iz vremena kad sam bio dečak, mladoga oca Kerla, one njegove krupne plave samotnjačke oči dok je na tabli kredom obeležavao uglove savršenstva, vrhove ravnostranog trougla koji probijaju srce Božje, tri čoveka šiljate glave, rekao je, smejući se, i s najboljim samotnjačkim namerama na svetu dirkajući svoje dečake brkovima, obraz uz obraz, samotnjačka ljubav sveštenika koje sam zaboravio a stari otac Kuper primeti „Vidim, da nemaš TV u dnevnoj sobi. To ne valja, ti televizori po dnevnim sobama. Ubijaju razgovor, a bez razgovora ne valja. Crnobela televizija je bila gora. Mrzim crno i belo.“

Sedeli su ćutke. Vetar je bio jak i grane blizu prozora njihale su se šarajući senkama po podu.

„U svakoj sam čorbi mirođija“, reče starac.

Ensel klimnu glavom, nasmešivši se.

„Je l' to da ili ne?"

Pomerivši se na stolici sveštenih ugleda sliku iznad kamina.

„Taj tip što je naslíko ovu sliku, znam sve to. Oseko je sebi uvo, al' valjda to i ti znaš. Fik, i gotovo. Valjda je hteo da čuje samo pola onoga što se dešava. Tako ti je to i kad si sveštenik, znaš. Žena koja ogovara je samo tračara, ali ona svoju tajnu čuva u srcu. To ti je ono što čuješ na ispovesti, čuješ tajnu polovinu onoga što se dešava, s jednim uvom uz pregradu, znaš."

Ensel zažmuri i zagleda se u zvezde-različke, a oči su mu se punile cvetovima, uskovitlanim cvetovima koji su ga ošamućivali. „E pa sad" reče stari sveštenik, smirivši se na stolici, „dajmo sve od sebe, drugo i ne možemo tražiti", a svetlost s prozora obasja njegovo pegavo čelo. On sklopi oči i dugo osta nepomičan. Kuća beše tiha, jedino je vetar hučao, te je Ensel čuo kako zidovi pucketaju. Pukotina u gipsu kao vena strujnu do podne daske. Duž daske se bila nakupila prašina a u uglu pored prednje noge starog radijatora, naprstak *majčin peharčić, gurač igle, a jedne noći unevši se u ogledalo u okviru od mahagonija na svom toaletnom stočiću, gledajući ne u sebe nego u nekoliko jasnih trenutaka prošlosti, s izvesnim uvidom u značenje i oblik stvari, sipala je malo čistoga džina, piće spremačica kako je uvek govorila, u svoj naprstak, kikoćući se, ispivši ga nadušak, a taj je naprstak verovatno koristila i da zakrpi poderotine u mome životu,* a stari sveštenik tad protrlja obraze kao da se upravo prenuo iz lakog sna i, dok mu je brada počivala na ruci, reče „Znaš, smislio sam jednu teoriju, danas sam ceo dan razmišljao o tome. Razume se, svi imamo teorije, al' meni se čini da je svaki čovek junak sopstvenoga malog sveta, je l' tako, svojih snova, i žena ni u šta ne bi radije verovala nego u ono što muškarac sanja o sebi, al' nevolja je u tome", i stari sveštenik olabavi okovratnik, „nevolja je u tome što većina muškaraca ima o sebi da rekne malo ili nimalo, kad dođe do pričanja tu su tanki, zato i menjaju žene, zato što imaju svega nekoliko pričica da ih pričaju vazda iz početka, i ako su oženjeni žena im zna da je čula najbolje što je bilo i da više stvarno nema šta da se rekne, nema više snova, samo što žena nikad ne sme da dopusti da joj njezin čovek u očima vidi da ona zna da je gotovo s njegovim životom, eto zašto se muškarci otiskuju s drugim ženama, ne samo da spavaju s njima nego da im ponovo ispričaju onu pričicu-dve o sebi, da vide kako se u ženskim očima pojavljuje onaj začuđeni pogled." Stari sveštenik naže se napred, laktova oslonjenih o kolena, stisnutih usta, klimajući glavom. Čekao je. Ensel trepnu i obliza se. Na to starac, zatvorivši oči, upita „Jesi l' kad vidio sovu na drvetu? – Jesi l' kad probao da razgovaraš sa sovom na drvetu?"

Ensel sleže ramenima a starac se nasmeši i sklopi ruke. „Ovo ti dođe tako nekako. Teško da i reč mogu d' izustim ako nikakva odziva nema, a svrnuo sam samo zato što ne mogu da podnesem da sam-samcijat sediš tu i buljiš ni u šta, a pošto sam stao da popričam sa sovom moram ti priznati da je to prilično zanimljivo, takođe, jer ništa nije slično netrepćućem oku sove koja čuči."

Ensel klimnu glavom

„Sove su dobre da uništavaju gamad."

Ensel ponovo klimnu glavom.

„Ponekad mi se čini da je Bog sova", reče starac brišući čelo rukom. „Sova u noći. Al' to tek pošto sam čitao o Avramu i njemu sličnima. Krvava žrtva, krv je nit što povezuje stare knjige."

Ensel otvori usta, pa ih zatvori.

„Danju je, naravski, uopšte nema, sove, mislim. Boga ima, to je sigurno. Naravski, mnogi u to ne veruju, možda čak ni ti, možda je u tome stvar. Šta sad kad ti je mati umrla i sve to, al' cenim da je neverovanje neka vrsta nemoći. A čovek koji je postao nemoćan čudna je ptica."

Ensel se nasmeja i odmahnu glavom, smešeći se.

„Ne. Ne. Ne to. Mislim na istinsku nemoć. Ona je u srcu", reče sveštenik.

Ustade i proterese Enselovu ruku. „Ne trudi se", reče. „Znam kuda se izlazi."

Ensel otvori vrata. „Dom, dečko moj", reče stari sveštenik, „tamo je gde si, vešao sebe ili šešir, svejedno, a ono si što si."

Ensel je sedeo u dnevnoj sobi. Znojio se te se svukao do gaća pa izišao na zadnju verandu. Od verande do ostave za alat vodila je bela šljunčana staza. Na travnjaku ispred vrata stajalo je drveno Crnče u plavim čakširicama

127

i crvenom kaputiću, s očnim dupljama probijenim kroz celu glavu, te premda su mu se krajičci usana izvijali naviše teško je bilo reći da li se, onako bez očiju, smeši ili od prezira krivi usta. Celom dužinom vrta rasli su ogromni suncokreti, glava zlatnožutih s velikim tamnim središtima, jedini cvetovi u malom duguljastom dvorištu iza kuće. Sede na verandu i poče brusiti stari srp. Sedeo je na beloj pletenoj stolici, samo u belim gaćama, i znojio se na sparini. Povremeno bi ubrusom otro lice i ramena a potom ispijao čašu hladnog mleka, *onomad sam*, kao da razgovara sa starim sveštenikom, i odjednom, dodirnuvši palcem oštricu srpa, požele da je stari sveštenik još tu, *pročitao kako je neki tip dao da mu se izbetonira celo dvorište a potom ga zastro tepihom, zalepio ga, dobar smaragdno-zeleni tepih, i jednom nedeljno izlazio je i usisivačem čistio svoj travnjak da blista od čistoće, i zaveza* oko čela belu maramicu da mu skuplja znoj. Trebalo je da podseče nokte na nogama. Nasmeši se, opljunu tocilo, i pljoštimice se potapka oštricom po butini. Dva vrapca sleteše na jedan ogromni suncokret. Vrapci su kljucali tamnomrko središte. *Znaju da sam tu*, naglo se osvrte iznenada pogođen sopstvenom usamljenošću, *ne ptice, mislim cvetovi, kako ih osećam gde osećaju kako ja sedim ovde i petljam, te tamo peteljke, debele kao muška podlaktica*, a sunce dokači oštricu bleskom svetlosti i ptice prhnuše. Sedeo je sasvim nepomično osmehujući se krajičkom usta, zureći u travnjak, u glavu crnoputog momčića čija su stopala bila ukopana u kofu cementa u zemlji *i tek prošle sedmice, kad je odsekao dva cveta tik iznad korena, i poneo ih preko ramena, sećajući se kako ih je iznebuha dograbio i počeo njima vitlati iznad glave, mašući veličanstvenim krupnim žutim krasuljcima, mlateći uprazno po zraku*, pa dohvatio staru ručnu burgiju i izbušio očne duplje kroz glavu malog crnje na travnjaku *a onda sam kleknuo i pogledao kroz te rupice svetlosti na drugu stranu misleći šta je ovo, crnački raj? i smejući se ne sebi niti velikoj sunčanoj rupi tamo gore, beloj rupi, belim rupama u svakom crnom staklenome oknu u noći, nego se naprosto smejući, smejući se ulici sasvim tihoj izuzev što možda neka devojka, neka žena hita kući, i*

otkud baš sad kad ni da mislim na žene ne mogu, na udu-
binu u dnu ženskih krsta sličnu otisku palca, malim dojka-
ma vazda nedostaje težina, nestala, nema težine, pošto mi
je glavi lako a digao mi se nije ko zna otkad, niti to želim
u ovoj odsutnosti, okomiti krovovi tamnih kuća na
mesečini, iz maminog dvorišta iščezli nadgrobni spomeni-
ci, sanjarim kako sam nastojao da volim istrajavajući,
nadajući se samo malenome otisku palca, žigu
nekakvome, overi tačnosti, žeženim žmarcima ožegnut.

Ustade i ode u kuhinju, na čijem je zidu visio sat s
cifernikom od crnog emajla u obliku mačje njuške, klatno
mu opušten rep, taktaka tamo-amo. Iz frižidera uze štek
hladnog mleka u tetrapaku i ponese ga kroz mračni hod-
nik pored stepenica napolje, na prednju verandu. Sede i
izvi se iz stolice, obliven znojem. Nasu sebi punu čašu.
Imao je telo krupnog čoveka. Ustade, *smešno*, i vrati se
kroz mračnu kuću do baštenske verande, *stavio sam sebe*
pod starateljstvo. Držao je srp u visini ramena, ciljajući
sečivom nešto u vazduhu i *ponekad pomišljam da to moja*
glava ili njihova, tih suncokreta što usisavaju sunce,
naprosto posisa celo sunce. Zari vrh srpa u stub zavojitih
stepenica, ostavivši ga da visi sličan polovini mašica za
led. Pređe podlakticom preko obrva. Nad limenim
krovom ostave za alat podrhtavala je jara. *Nevolja je u*
tome što je jednostavno. Nema završetaka. Ako postoji
završetak, onda sve dolazi na mesto, dolazi zato što znaš
kuda ideš, i baš zato i mislim da ja nikad ne znam kuda
idem. Svejedno, i on prekrsti ruke preko prsa, bore oko
usta mu dve duboke senke, taptapanje mojih koraka kroz
hodnik, prokopavanje tunela, taj moj pametni krtičji
osmeh koji vidim u ogledalu, a potom izbijam ovamo na
svetlost koja sjakti poput čestica raspršenog leda, jedino
što je sad leto, u očima mi blistave iskre svetlosti kao
varničenje u noći kad sevaju petarde, onako kao što smo
nekad ispisivali svoja imena prskalicama po vazduhu,
imena, svetlost koju niko drugi ne vidi, i ja ne znam kako
me to svetlost pogađa, kao munja u oči, Bog ili ogromni
proboj ničega, ko zna, ne znam da li je ovo milost Božja
ili svršetak svega, znam samo koliko se spokojno osećam,

u ovom gorostasnom ništa ili u tišini zadovoljstva poput ispražnjene punoće posle žene a ipak osećam da nekako tu, u staklu, između mene i crnoga psa, nešto visi, lebdi, skriveno, kao istina, kad položim dlan na okno kao da je ono korica knjige a unutra, u listovima stakla, urezana upisana onako kako dijamant piše po staklu, nitima bele svetlosti, nalazi se reč, reč koja će prozboriti između me-ne i onoga što je napolju, s druge strane. Dugo je sedeo a potom izvukao vrh srpa iz stuba i pljoštimice prešao sečivom po spoljnoj strani podlaktice. *Nešto u vezi s tim od sunca zagrejanim sečivom, osećaj na koži, kao ledena voda, šok bezmalo ublažujući. Izveo sam to, bio nag u ledenoj vodi do guše i ni o čemu ne moraš misliti, toliko utrneš, naprosto ublažujuće, zaleđen si, kraj, a ovih ću dana zalediti te suncokrete, ponekad mi naiđe da ne mogu da podnosim njihove krupne glavurde, razraslu bižuteri-ju, cvetove za stvari kakve jesu, neko te neprestano isisa-va, isušuje, i osećam da oni doista osećaju kako se ja osećam* te odloži srp na stočić prislonjen uza zid i na-smeši se. Otvori kuhinjska vrata sa mrežom protiv inseka-ta i ponovo uze kartonsko pakovanje mleka i *Ensel, spre-maj se, majčino mleko, mleko ljudske dobrote,* a sav se tresao od bezglasnog smeha i potom slegnuo ramenima stojeći na verandi, skroz mokar, nepomičan, zureći, izvi-jenih uglova usta *nikakve pesme, pevanja, nikoga, a između pseće pljuvačke i semena, moje izgubljeno lice u svetlosti, izgubio sam se u svetlosti gledajući, sve što jeste jeste samilost, negde od nekoga, reč koja prevazilazi sve što bih možda rekao kad bih mogao o ovoj potpunoj ništavnosti koja mi oko održava življim no ikad tako da čak i usnuli pauci u svojim mrežama pokatkad izgledaju kao opali u svetlosti, ali zašto, to je ono što želim da znam, zašto.*

Tri dana sedeo je osluškujući. Pitao se da li je glas koji je čuo njegov. Nikad nije čuo sopstveni glas.

Ustade i obuče se.

Počešlja se.

Kroz prozor ugleda sojku kreštalicu na drvetu. Još nikad nije video sojku kreštalicu. Prošla je gotovo cela sedmica od kako se nije češljao. Iznenadi se kako dobro izgleda. Omršavio je, izgubio mlitavi podvaljak.

Stajao je osluškujući.

Nemam šta da kažem, dok je krajem te sedmice išao uz reku putem pored crkvice zbijene između stovarišta i livnica, i zadržao se u crkvi, *nemam šta da kažem, zurio je u nepoznatu ženu kestenjaste kose i visokih jagodica koja je sedela u klupi, sklopljenih očiju, tiho pevušeći žalobnu melodiju, nogom udarajući takt dok je svetlost kapala po mermernom podu, kapanje vode noću, njene zasvođene oči*, zurio je u tavanicu stare kapele od opeke, na fresci povorka okuženih, tela zgrčena od bola zbog kvrga pod pazuhom, ljudi koji u besu bičuju sami sebe, jaučući u samrtnim trzajima, a ispred oltarske ograde rezbareni Hristos, uhvaćen u trenutku kad je zakoračio velikim koščatim stopalom, ispijenog seljačkog lica s okruglim malim ustima, oniži čovek zaogrnut jarkocrvenim somotskim plaštom, nag, opasan blistavom zlaćanom tkaninom *a ti si, tako riboust, ništa, nula*, jedne večeri na televiziji čuo je kao neki čovek tvrdi „Ako želite da znate koliko je neko uspešan, onda samo prebrojte nule iza njegovog imena", a potom se s onom ženom zaputi svojoj kući. Vetar uz rečnu obalu lagano je šušketao. Spustiše se niz padinu brega iza železare nekom nekorišćenom stazom, uz put su nailazili na polomljene odvodne cevi, žicu, neku zarđalu rezu, rupe od mrmota, i visoku oštru travu koja ih je zapahnula svežinom. Ona izmače malo ispred njega i reče „Osećam se kao kad sam bila devojka i prvi put obula cipele s visokim potpeticama, te kad me je jedan muškarac pogledao nije spazio noge devojčice što mi je pričinilo zadovoljstvo, to što sam žena", *a ko zna šta bi mama na to rekla dok je tesne prostore svog života pokušavala da ispuni svetlošću, pošto je šteta već bila napravljena, ali možda joj je baš svetlost bila potrebna dok je netremice gledala u oči vlastitoj nesreći, ponekad, kako se činilo, začudo zadovoljna.* „A kad sam bila mala", govorila je, „otac me je kupao svake večeri i brisao me velikim, velikim ubrusom, a onda, dok me je jednom brisao pruži mi ubrus i reče obriši se sama između nogu i ja, iako sam bila mala, znala sam, nekako, da sam od tog trenutka žena, hoću da kažem, tamo i tada odlučila sam u sebi da sam žena i bila vrlo tužna zbog onoga što se izgubilo između mene i oca jer on nije više smeo da me dodiruje, i na to sam mislila tamo u kapeli, da sam želela da me dodiruje", *a pretvarala se da se moli,* i ispružila je bila ruku i dodirnula nožni prst ispijenog Hrista a potom počela da se smeška i smeje u tišini kapele, i prošaputala preko crkvenih klupa „Šta bi, je l' ti maca odgrizla jezik?" *a u mačjem oku vazda ptica, prošla, buduća, neizmenljiva u ustima nemoga Hrista u zlaćanoj tkanici,* a nebo je bilo sivo i prekriveno oblacima. Smejala se otvoreno, lako i rekla „Zamisli, oduvek sam govorila kako želim da ostavim muškarca bez reči te mi se čini da si ti čovek za mene", dok je ležala *gore gola na leđima a ti si rekao Ima krvi, ali svako rođenje počinje krvlju koja ističe, i naredne noći klečala je među tvojim nogama dok si se odupirao ramenima kao deca kad se na leđima probijaju kroz vodu, unatraške, sva ogorčenost ispražnjena, crv u meni se smežurao, kušajući, njušeći grlo, nabore kože, dišući reči u tvoja usta,* „No rekla bih da je to zbog usamljenosti", primeti ona. „Naprosto sam ušla i sela, u onu svežinu, ne zato što nikad ne idem u crkvu i to, nego zato što sam baš u tom trenutku razmišljala o sebi i svojim prijateljicama, hoću da kažem sve smo udate i premda smo srećne nismo srećne, znaš na šta mislim, i zato mnogo vremena provodimo zajedno, što je dobro, a i našim se muževima to sviđa zato što nam tako ne preti opasnost od muškaraca, i ono što je za nas bilo samo okupljanje malo smeha radi pretvorilo se u nešto više od nekoliko pića, najpre uz malo pipkanja, posle uz mnogo i to niko ne uzima previše ozbiljno ali jeste ozbiljno i sad se ponekad istinski svlačimo zamišljajući kako priređujemo modnu reviju i da znaš da je lepo kako žena može biti nežna s ženom, stičeš neki neobičan osećaj sebe kao u ogledalu, znaš, i dvojica muževa čak znaju šta se zbiva, moj takođe, ali on više voli tako jer to ga ne ugrožava, a mene rastužuje način na koji u životu svi moramo da radimo takve stvari bez razmišljanja", *a šta je to? biti pošteđen razmišljanja i ispražnjene glave umesto ove nemoći srca dok sam u kiti odjednom toliko živahan, i* zato sam prekjuče naprosto zbrisala, odšetala, znaš. Svak zbriše. „ Ostala je s njim dva dana, govoreći „Ovde me nikad neće tražiti jer nikog ovde ne poznajem i niko me ne poznaje, a ti si zbilja zlatan što me ugošćuješ kao kakvu kneginjicu", sedeći na zadnjoj verandi, dok je siva veverica protrčavala kroz leje sasečenih suncokreta. Trava je bila mrka. On se nasmeši. Iz travnjaka su se izdizali mravinjaci, peščane bubuljice. Ona je ležala u senci, na ležaljci za sunčanje. Svukla je odeću, ali je i dalje nosila cipele s visokim potpeticama. Tik uz svetle crvenkaste malje imala je dva mala ožiljka.

„Znaš šta je zgodno kod tebe?" upita. On je pogleda. Oči joj behu sklopljene. „Ne postavljaš nikakva pitanja. To je zgodno, ne zato što smatram da uopšte postoji istinski odgovor na neko pitanje, nego vidim imaš tu mnogo knjiga i tih stvari te mora da nešto smeraš u glavi, ali mutav kakav si ne sručuješ to na mene, kopčaš?"

Ona se uspravi. Imala je tamne bradavice i njene teške dojke behu ukoso oklembešene *a kako li je to kad majčino mleko visi u raznim pravcima i kad je između nogu praznina?* a ona reče „Ali ima nešto što bih zbilja želela da znam, neću da zabadam nos i to, ali cenim da si ti posekao sve one svele suncokrete što leže tamo ili pak imaš ćaknutog suseda, i zašto ti je bilo do toga, da ih ostaviš da ko neki svežanj crkotina ili trupina leže onde, znaš šta hoću da kažem!" On joj dotače dojku a ona uze njegovu ruku u usta i ovlaži mu prst tako da je njegov dodir na bradavici bio vlažan, i skide mu pantalone, svlačeći ih s njega dok je on ležao na leđima sećajući se svog dečjeg kreveta na sprat, donjeg sandučeta, opsedajuće prisutnosti odsustva iznad sebe, zagledavši se u red praznih uzanih sandučića za cveće na ogradi verande, a potom ona proguta njegovo seme dok je ležao pored nje nemo oblikujući reči koje nije mogla videti, *milosna svetlost nule* pa, pogledavši niz sebe, mlitavog, *sve peteljke padaju, i mostovi,* a kasnije, kad su ležali u postelji, kad je pomislila da je zaspao, ona ustade i siđe do telefona, a on sede na gornji stepenik osluškujući.

„U srcu, eto gde. Nešto, malo.“

...

„Znam da plačem.“

...

„Da.“

...

Ona se pope. Ležao je u postelji u mraku. Mogao ju je videti na pragu podbočenu. Uzdahnula je. On se ne pomeri. Ona prekrsti ruke. Tad se on uspravi u postelji a ona sede pored njega. Dotače joj kosu i poljubi je u obraz. Poljubi je u vrat pa sleže ramenima i pusti je, a ona reče „Pa, moram da idem, tako je to, kuća ti je tamo gde ti je srce.“

U oker svetlosti lampe ona se naže nad njega, dok joj je kosa padala oko lica, te ga poljubi i reče „Ti si mi u srcu, mogu te čuti tamo unutra.“ Zatim ode a on osta na prozoru zureći u mračne pećine javorovih krošnji.

Ujutru se šetalica u obliku mačjeg repa na kuhinjskom satu klatila tamo-amo. Po kuhinji su mileli mravi. Dugo nije padala kiša i zemlja u vrtu beše rastresita. Na vrata mu dođe dečačić koji je prodavao zastavice Crvenog krsta u korist mirnodopskih invalida, i on kupi dve pa ih zataknu u očne duplje Crnčeta na travnjaku. Na radiju je neki kantri-pevač pevao *samo prizor više iz razbijenog sna*, „A ovo je sranje“, pomisli. „Ništa se nije razbilo, samo iskrivilo. Izmenilo se, usled sovine svetlosti.“ Beše deset do devet. Osluškivao je. Nije imao šta da kaže te ustade, gledajući kroz prozor. Više je voleo staklo u suton, onaj abonosov odraz sebe koji je tad mogao da vidi, a takođe i da vidi kroz staklo kao da ceo predeo čuva u sebi, onako kako je čuvao majčine reči pre no što je otišla u starački dom „A ti tražiš naslepo“, rekla je, „a traganje naslepo nije dobro. Sručuje se na tebe, vidim tamu baš tu, u tvojim očima, a to je pogrešno jer nebo je lazurno, i pogledaš li videćeš. Pogledaj. Svak to može videti, a ja, sve što mi je važno imam ovde u ovim zavežljajima, a potreban mi je počinak a kad je nekom potreban počinak onda odlazi tamo gde ljudi otpočivaju, a to je starački dom, pa tako i ja idem tamo.“ Preselila se u dom, spalivši u ložištu stare haljine i sve svoje cipele s visokim potpeticama, a spalila je i kutiju s papirom, debelo ćebe i mali čipkani stolnjak koji je mirisao na naftalin *sedeći razmaknutih nogu na tronošcu, a gde beše trbušasti čovek u končanoj potkošulji koji je pravio papirne avione sedeći na hoklici okružen gumenim zmijama i mama koja se smejala zmiji na drvetu i galebovima dole na jezeru,* a starački dom se nalazio dole na jezeru tako da je vazda gledala galebove škriljčanosivih krila kako komadaju uginule ribe nastradale od jegulja i naftnih mrlja. Na obali se nalazila stara napuštena drvena koliba, i ona je svakog jutra silazila stazom između visokih borova, noseći svoje zavežljaje. U kolibi je čuvala svoju hoklicu i sedela i čekala da sunce sprži maglu. Galebovi su dolazili s bleskom. Ona bi privila uza se svoje zavežljaje, a ponekad bi se na vodi pojavili skifisti iz veslačkog kluba, ljudi nagnuti napred kao da skidaju penu s vode, lopatice im zasecaju vodu. „A ti ne znaš zašto ja mislim to što mislim“, rekla je, „ali i ne treba da znaš. Svi se pravimo da previše znamo. Što više govorimo, to više mislimo da znamo. Ti si ti, i to je sve. Jesi, i to je sve, jer ništa je nigde a ti si tu. To je činjenica. Pogledaj na to ovako. Ti si od mene saznao više tajni nego što ću ja ikad od tebe.“ Posećivao ju je svake nedelje. Na vratima je stajao pazikuća. Po svim odajama nalazili su se stari ljudi, *šapućući poput rasute svelosti* a nju je zaticao u naslonjači. „Sedela sam ovde, onako“, govorila je, „gledajući kroz ona otvorena vrata i odjednom pomislih da su otvorena vrata možda slična uspravljenom kovčegu, znaš, a neko mi je preksinoć pričao da su u starim irskim bdenjima imali običaj da usred trpezarije usprave otvoreni kovčeg kako mrtvac ne bi propustio igranku“, pa bi ustali i otišli u predvorje sa svim onim starim ljudima koji su šetali podruku, ili držeći se za ruke, a vrata nekih spavaćih soba bila su otvorena i žene su sedele na stolicama licem okrenute hodniku. Jedno popodne spazio je nekog starca skroz bele kose kako grli neku staricu.

Nosila je bledoplavu haljinu. Starica je nešto petljala oko njegovih pantalona.

„Neke stvari nikad ne umiru", govorila mu je majka, premećući zavežljaje pod miškom, i vodila ga do muzičke sale, sa staklenim krovom i pune svetlosti, a dvanaestak muškaraca i žena tiskalo se oko pultova za note, i svi su nosili tvrde bele slamene šešire. Stajao je na pragu dok je majka zauzimala stolicu od straga, blizu prozora, slažući zavežljaje i smešeći mu se dok je nameštala slamni šešir, pa otvarala crnu kožnu kutiju i vadila blistavi trijangl koji je, kad bi svi seli, dizala uokvirivši njime lice, i lupnula malom srebrnom palicom, izvodeći precizni fijuk *kao notu metka, a negde je bio otac Kerl s uhom uza zid, osluškujući, obeležavajući kredom uglove na tabli, ravnostrano savršenstvo koje probija srce Božje,* a on je primećivao da su saksofoni, klarineti, flaute i mala pozauna i trube plastični, ukrašeni zlatastim metalom, a pazikuća, ućutkujući svirače koji su strugali nogama, digao bi ruku i na to bi zasvirali *Darktown Strutters Ball,* zvuk nazalan i cvileći a povremeno ipak zviždeći i blag, stari muškarci i žene nagnuti napred, ozbiljni i napregnuti, nadutih obraza i zanjihanih laktova, i njegova majka koja sine kad udari jednu čistu notu u trijangl, da potom pokupi svoje zavežljaje te zajedno s njim iziđe na travnjak i stane pod lipu, a nekoliko bi se starih parova šetalo, priljubljeno jedno uz drugo dok bi svetlosti, probijajući se kroz lišće, šarala tavnjak *a mama, ona izgleda nikad nije imala prijatelja već je samo klečala pred svojim naročitim osećajem sopstvenoga ja,* ali ona reče, „Trebalo bi da jednog jutra dođeš na nedeljnu misu jer sviramo na misi a ja, kad sveštenik podigne pehar, ja zvonim u zvono, i nije me mnogo briga za misu ali ponekad pomišljam da je taj zvuk nešto najbliže zvuku Božijem do čega ćemo ikad stići." Koračali su kroz visoke borove prema jezeru i malim dinama gde su iz peščanih humki, kao prerezanih od vetrova i kiša, štrčala stabla divlje šljive i sasušeno korenje. Seli su na busen slane trave, zavežljaje je spustila kraj sebe, *možda je u njima ime čoveka koji je u crvenom službenom vagonu svirao klavir ko sam vrag, i ona mu dodirnu ruku, a to beše nezastiđeni dodir nežnosti*, pomisli on, čudeći se zašto je tog jutra naglo ustao, uzeo čekić i krupnim se koracima zaputio do ostave, otvorio vrata i čekićem razlupao staro biljurno ogledalo, a krhotine na zemlji hvatale su svetlost poput sjaktavih noževa, *rasprskavanje svetlosti u slabinama smežuranih muškaraca i žena koji bulje u beli bezdan prebirući prstima po životu, i da li mama bar sad radi ono što godinama nije i da li krije svoje zavežljaje, svoju tajnu pod posteljom, udahnjujući koje reči u bezuba usta kog starca, i na koju muziku* a naredne nedelje zateče pazikuću na vratima. „Nije bila na misi, i niko to nije ni primetio dok sveštenik nije digao pehar a nikakvog zvuka, i nije ni u svojoj sobi niti dole u kolibi", a Ensel potrča obalom, pored veslačkog kluba, i tad ugleda galebove gde polagano kruže *i ptičji poj meni iza uha, humka njene odeće tamo na pesku, bedro u stranu, jedna cipela upravljena naviše, pokazuje, dno potpetice kao probodena tačka koju sam čuo kao rupicu koja ispušta vazduh iz neba, a ti jesi, to je sve, rekla je, a ništa je nigde ali ti si ovde*, gde ju je našao izvaljenu na leđima licem prema suncu, širom raširenih ruku a zavežljaji joj slobodni, i on joj sklopi oči i pruži ruku da uzme zavežljaje, klečeći, puzeći kao provalnik, opipavajući ih rukom, a kad ih je pocepao i otvorio zaprepastio se zarivši ruke u konfete sićušnih komadića makazama iseckanog papira a na svakom komadiću behu note, četvrt-note i polu-note, *ključevi i svekoliki bezglasni zvuk za koji je govorila da ga je samo nebo poslalo*, i on napuni pregršt, zavitlavši iseckanu muziku u svetlost, sunce visoko poput cveta ogledala u kojima je ta svetlost blistala bela, i papirne note u vrtlogu mu zavijoriše oko glave *a možda je imala pravo* kad su se oblačići nota uskovitlali i pali, zasipajući njegovu kosu i ramena, i celo njeno telo, a kad je kleknuo, u lobanji je začuo reč ljubavi. Nije zao da li je to njegov glas. Nikad nije čuo svoj glas.

KALAHANOV ŽIVOT U BRZOJ TRACI

Mnogi pisci diče se biografijama koje otkrivaju kojim su sve poslovima bili primorani da se bave pre no što su stekli književnu slavu, što im je omogućilo da se končano posvete književnosti. S Barijem Kalahanom (Toronto, 1937) nije bilo tako: i on se, doduše, bavio vrlo različitim poslovima, ali uvek po sopstvenom izboru, uvek je za njih bio odlično plaćen, i redovno je za svoj rad dobijao visoka priznanja. Sin jednog od najznačajnijih kanadskih pisaca Morlija Kalahana, Bari iza svog imena može danas da dopiše: pesnik, književni kritičar, prevodilac, novinar, sportista, scenarista, televizijski producent, izdavač, više decenija profesor književnosti na Jork univerzitetu u Torontu, osnivač i urednik časopisa *Exile*. I, razume se, prozni pisac, kroz čije se priče i romane probijaju gotovo sva njegova zanimanja, ljubavi i iskustva. „Neprestano se cepam tragajući za celovitošću" reći će on u jednom intervjuu. „Tren opažanja, bogojavljenja, trenutak je celovitosti koji iskupljuje." Možda su se baš zbog strahovite raznovrsnosti poslova kojima se Bari Kalahan bavio njegove knjige počele pojavljivati srazmerno kasno – prva zbirka pesama, 1978. Od tada je objavio još četiri. „Književnost je život u brzoj traci" – tako on definiše literaturu.

Bari Kalahan – novinar i ratni dopisnik, uspeo je da zaviri u zatvore na Srednjem istoku i u Južnoj Africi, nije se libio da zađe u kolonije gubavaca (o kojima piše u svom poslednjem delu); pokušao je, pre no što je ceo svet upro oči u njih, da izoštri čula svojih sunarodnika za „tri zaboravljena naroda": Latvijce, Estonce i Litvance... Priznanja nisu izostala: novinarske nagrade, dva odlikovanja (National Magazine a Wards, President's Medal). Radio je i za televiziju, kao producent CBC (Canadian Broadcasting Corporation) specijalizovao se za Srednji istok, Kvebek i političke protestne pokrete u Sjedinjenim Državama, kao nezavisni producent snimao dokumentarne filmove emitovane širom sveta. Kao televizijski komentator i voditelj razgovora stekao je mnoge pohvale i još jednu visoku nagradu u svojoj zemlji (ACTRA award 1984).

Do 1972. bio je i književni urednik lista *The Toronto Telegram*, gde je, po rečima kanadskog pisca Aleksandra Amprimoza (Poetry Canada Review, leto 1986), „vodio stranicu o knjigama kao niko ni pre ni posle njega u Kanadi – ta stranica bila je obeležena njegovom energijom i odbijanjem da se klanja tad preovlađujućem nacionalističkom trendu." Posle toga pokrenuo je sopstveni časopis – kvartalnik *Exile*, i sopstvenu biblioteku – *Exile Editions*.

Časopis izlazi pod motom iz pera Pol-Emila Bordijaa (Paul-Emile Borduas), a izbor mota mnogo govori o stvaralačkom i preduzetničkom stavu Barija Kalahana: „Zajedno ćemo se upustiti u zastranjenosti življenja uz izoštrenu svest, otvoreno i pošteno, pa ćemo videti šta će biti. Najgore što nam se može desiti samo je katastrofa, što je mnogo bolje od lažnog uspeha." U tome časopisu koji je, posle četrnaest svezaka sa po četiri broja, daleko i od lažnog uspeha i od katastrofe, Bari Kalahan se kao izdavač i urednik dosledno drži svog uverenja da je uređivanje „umetničko krparenje", a njegov književni časopis „sanduče za rasad". U tome sandučetu neće svako književno seme proklijati, ali Bari će se potruditi da umetnici koje voli dobiju najbolju priliku da se iskažu. *Exile* je za dvadesetak godina izlaženja okupio najbolje stvaralačke snage, odrazio najvišu estetsku osetljivost Kanade, tvrdi A. Amrimoz i dodaje: „To je, možda, prva publikacija koja je uzdrmala kako kolonijalne, tako i emigrantske navike, nastojeći da u središte ponovo postavi umetnika." I ne samo kanadskog. Časopis objavljuje prevode književnih dela iz celog sveta. Sam Bari preveo je

Pevanja na viru *(Singing At the Whirlpool)* Miodraga Pavlovića (jedan od njegovih prevodilačkih podviga; drugi koji ističemo su prepevi pesama savremenog francuskog pesnika Robera Martoa), a objavio je i prevode poezije Slavka Mihalića, Nikole Šopa i Milivoja Slaviček.

U prvoj svojoj objavljenoj knjizi – *The Hogg Poems And Dravings* (1978) – Bari Kalahan je otkrio dva svoja talenta – pesnički i slikarski. Posredi je narativna vizija pesnika i hodočasnika, Hoga (Krmka) koji u potrazi za suncem, svetlošću i svetošću napušta svoju hladnu zemlju i odlazi u Jerusalim. Tamo nalazi ženu, kamen, ali ne i vodu, proroke koji prodaju stare kosti, upoznaje izdaju i strast koju neće zaboraviti. Vraća se kući, tražeći tišinu s onu stranu reči, ali se budi u Krmkovom brlogu, u utrobi svoga grada. Kad konačno izroni iz podzemne železnice, i dalje ima Krmkovu glavu, i dalje je onaj stari i dalje traga za posebnošću. „Pesnici su vesnici – i, poput Jovovih slugu, uspevaju da nadžive neobične vizije i spasu se, da bi nam ispričali šta su videli. Nisu sve vizije jedinstvene, ali Bari Kalahan se probio iz sna koji je i jedinstven i čudesan. Hvala Bogu što se vratio živ da nam ispriča" - pisao je Timoti Finli (Timoty Findley) povodom ove zbirke. Irski pesnik Džon Montegju (John Montague) napominje da se „ništa slično ne može naći u kanadskoj književnosti osim nekoliko pesama Margaret Etvud (Margaret Atwood) o ljubavi i opstanku."

Opsesiju kamenom, svetlošću, kostima, ljubavlju, izdajom, samoćom, „tišinom s onu stranu reči" otkriva Bari Kalahan i u drugoj objavljenoj knjizi, ovaj put zbirci priča *The Black Qeen Stories* (1982), za koju nismo uspeli da nađemo bolji naslov od onog koji stoji na koricama našeg prevoda. „Kalahan duhovito, smelo i saosećajno istražuje unutrašnje živote jednog upečatljivog skupa stanovnika Toronta. On ima oštro uho za govorni jezik, precizno oko za rečiti gest. Knjigu Crna kraljica i druge priče moraju pročitati svi koji se zanimaju za ono najbolje što se danas piše u Severnoj Americi" - ovako se spisateljica Džojs Kerol Outs (Joyce Carol Oates) osvrnula na ovu zbirku. A Džon Montegju: „Ovo su vrlo posebne priče o savremenoj usamljenosti, dubokoj samoći koju ljudi osećaju i kad su jedni s drugima u zagrljaju, kad je olakšavaju smehom, ponekad zajedljivim, ponekad mračnim. Ove su priče izvanredne." Iste, 1982. objavio je Kalahan još jednu knjigu poezije – *As Close As We Came*. Pesme iz ove zbirke prevedene su na francuski, srpski (prevodili su ih Miodrag Pavlović i Ivana Milankov), finski i španski. Te nas pesme vode pravo u srce istočne Evrope, u prostore represivnosti i leda što ga krave ljubav i imaginacija. „Svaki naš korak je znak u svetlosti, ma koliko ledena bila, da smo ovde", reći će pesnik povodom ove zbirke (i isto uverenje ponoviti u jednoj od svojih poslednjih priča *(When Things Get Worst*, objavljenoj juna 1989. u jednom kanadskom listu).

Poslednje dve objavljene Barijeve knjige jesu ciklus pesama *Stone Blind Love* (1988) – još jedno traganje za ljubavlju, ovaj put kroz kamen – i roman *The Way The Angel Spreads Her Wings* (1989), čija radnja osvetljava jednu koloniju gubavaca u Africi.

Uza svu raznorodnost aktivnosti kojima se bavi, i uz različite književne rodove kroz koje se izražava, Bari Kalahan uspeva da u svoja dela utka jedinstvenu nit prepoznavanja – ponekad sasvim izvesnog, češće maglovitog, teško uhvatljivog, ali ipak nesumnjivog.

I u pesmama i u pričama Kalahan otkriva da je opsednut nekim slikama (konfete od notnog papira u kosi Majke – u priči Nečujna muzika i pesmi Šupljina u srcu, smrt Oca u magli i vodi – u priči Navučeni zastori i pesmi Nebeska kraljica, da se zadržimo samo na dva upadljiva primera), zatim svetlošću, materijalima koji „hvataju i zadržavaju svetlost", te kostima: čistim, svetlim, belim, sjajnim (kao čvrstom opipljivom, idealnom suštinom stvari...) i, gotovo neprestano, kamenom, kamenom.

U zbirci Crna kraljica i druge priče, uzetoj izdvojeno, takođe se uočava ponavljanje ličnosti i predmeta: crna se kraljica, recimo, pojavljuje i kao pauk, i kao figura sa karata za igranje, ili slika s marke, a i kao slengovsko određenje homoseksualne opredeljenosti jednog lika. Ponavljaju se i mesta – restorani, noćni klubovi sa separeima i ovalnim podijumima, napuštene crkve, galerije skulptura, neosvetljene kuće. Sklonosti protagonista: klađenje, kocka, sport. Zanimanja: bukmejkeri, rašljari, propovednici, profesori, policajci, pevačice. Žene: bedevijastog hoda, kestenjaste kose, teških dojki. Nose razne, do tančina opisane tipove cipela, ali redovno s visokim potpeticama. U kutijicama čuvaju razne sitnice, fotografije, isečke iz novina, sušeno cveće. Muškarci: teških kapaka, „zasvođenih očiju", koji čitaju knjige.

Kakvi su ti Barijevi junaci? Najobičniji: poštari, lekari, frizerke, trgovci... stari, deca, mladići, i oni bez godina; oni koji žive s nekim, i oni koji žive sami; oni kojih nema, i oni kojih uskoro neće biti; doseljenici i starosedeoci; obični, po intimnim sklonostima neobično raznovrsni ljudi – stabilni heteroseksualni ili homoseksualni parovi, oni koji ljubav kupuju i oni koji je prodaju, transvestiti, lezbejke i oni koji samo maštaju da budu nešto od toga; neki vole da se kockaju; drugi – da vode ljubav; neki neprestano govore naglas; drugi – samo u sebi. Zajedničko im je jedno: strahovita, neprevazilaziva usamljenost. I, još porodica, ili bolje rečeno okrnjenost porodice iz koje potiču, a o kojoj često govore: kćeri o majkama koje su rano izgubile, sinovi o očevima, žene o nestalim muževima. Da nije i iz toga nastalo osećanje praznine, „šupljine u srcu", tištanje „reči koja nedostaje" Kalahanovim junacima? Kod njih samoća kao da je pre odabrana, ili nekad davno prihvaćena, nego neposrednim okolnostima nametnuta, ali oni je gotovo po pravilu žive s vedrinom koja uznemiruje. Možda zbog onog „čuda što nas sve povezuje" *(Izvor-voda)* ili izvesnog unutrašnjeg reda – uverenja da se stvari „potajno drže na okupu" *(Zastori)*. Najteže je, zapravo jedino teško, podnose oni koji samuju udvoje – majka s detetom, ili partneri u stalnoj vezi.

Bari Kalahan je pripovedač osobena stila. Posebnost tog stila obeležava rečenica, često dugačka, koja obuhvata jedno psihološko „sad" – a u ovome se redovno slažu jedno do drugog, ili jedno preko drugog, misao, radnja, opažaj, osećaj, dijalog, sećanje, emocija, slika; slike žace – žestoke u nastranosti koja dotiče i otiče s pripovedanjem prirodno, i neumoljivo.

U Kalahanovim pričama često zaiskri ironija. „Možda odelo čini čoveka" - kaže jedan transvestitžace – homoseksualac drugome *(Rašomonci)*. „Bila je hrišćanka u hrišćanskoj zajednici", kaže jedna žena na sahrani Majke glavnog junaka Nečujne muzike. „Oh, i šire", uzvratiće joj prijateljica. Ponekad začujemo zvuke bluza *(Krou Džejn peva bluz)* – jednu od piščevih preokupacija; ne retko bivamo uvučeni u sport – bejzbol *(Izvor – voda, Navučeni zastori)*, ili košarku *(Koen u Kauenu* – a kad smo već pomenuli košarku, dodajmo da je i sam pisac, vele, bio sjajan košarkaš). No samoća i tu caruje: Barijevi „sportisti" ili igraju sami, ili u igri jedan na jednoga.

Ako postoji nešto jedinstveno po svojoj različitosti u ovim pričama, onda je to piščev jezik, ili jezici njegovih ličnosti (za prevodioca, uzgred budi rečeno, pravi kamen kušnje, ili spoticanja). Mladi Livio, iz *Mišića*, novi doseljenik iz Italije, misli u slikama, zvucima i opipu kamena rodnog sela, a govori s naporom, i karakterističnim greškama. Sitni trgovac odelima koji je s mukom stao na svoje noge *(Džon Pudla)* nastoji da nadmenim govorom i novčanim „pokrićem" zataška unutrašnju nesigurnost. Ensel Mor *(Nečujna muzika)*, koji nikad nije čuo sopstveni glas (svakako najupečatljiviji od svih Kalahanovih nemih likova), drži monolog u sebi, i sve slike oko sebe pretače u nečujnu pesmu o sebi i svojoj majci, čeznući, s njom zajedno, da čuje, i izgovori, „reč ljubavi". Junak priče *U krevet, dakle*, samouk, zaljubljen u svoju načitanost i obaveštenost, i samoposprdan pri tom, recituje vrhunske pesnike i živahnim žargonom opisuje kako je jednom omašio u krevetu.

Dve priče su, za razliku od ostalih, čisti monolozi. Crna pevačica Krou Džejn iz istoimene priče (njeno ime nosi konotacije koje su toliko specifične da bi se njegovim prevođenjem više izgubilo nego što bi se dobilo) peva u sebi, dok gleda predstavu jedne svoje mlađe koleginice, i posle toga, bluz svog života, recituje rečenicama zvučnim, dugim, isprekidanim i, zajedno s glasom pripovedača, stvara atmosferu punu nostalgije i odjeka. — Preduzimljivi Koen-Kauen, raspet između Jevrejstva koje oseća duboko u sebi, i uviđanja da kao ne-Jevrejin pruža bolje životne izglede i sebi i svojoj deci, priča svoje nedoumice žustro, samouvereno, žesteći se na život, i dolazi do zadovoljavajućeg zaključka: „...ne znam tačno ni ko sam al' sad znam da nisam ono što se zove ništa."

Ništa, nigde, nigdine, nedođije... reči koje često srećemo u pričama Barija Kalahana, ali najviše u troglasnome monologu *Ima li koga?* Stari lekar koji je preživeo koncentracioni logor i koji igra poker sa drugarima u logoraške brojeve, devojka iz podruma koja voli da proba cipele i da se kladi, i mladić koji sluša njihove priče i priča svoju, pitajući se šta im je i mogao reći do ništa – upućuju na stihove Džona Montegjua koje je Kalahan odabrao za jedan moto ove knjige:

> Jedino istinsko ludilo jeste usamljenost,
> jednolični glas u lobanji
> koji nikad ne prestaje
> jer ga nikad niko ne čuje.

Januara 1991. Jelena Stakić

NAPOMENA PREVODIOCA

Autor je neke priče (Ima li koga, Džon Pudla) nedavno donekle izmenio, a jednu (U krevet, dakle) potpuno preradio. Naš čitalac pred sobom ima prevode najnovijih verzija. Prevodilac zahvaljuje autoru koji mu je neposredno, kad god je bio u Beogradu, a i iz Toronta, pismom i telefonom, davao tražena objašnjenja. Zahvaljuje i Milki Lukić, sa Univerziteta u Otavi, koja je pročitala gotov prevod sravnjujući ga s izvornikom, i dala više umesnih primedaba.

SADRŽAJ

Bari Kalahan
CRNA KRALJICA I DRUGE PRIČE

*

Izdavačko preduzeće
RAD
Beograd, Moše Pijade 12

*

Glavni urednik
JOVICA AĆIN

*

Za izdavača
ZORAN VUČIĆ

*

Tehnički urednik
DUŠAN VUJIĆ

*

Nacrt za korice
JANKO KRAJŠEK

*

Realizacija
ALJOŠA LAZOVIĆ

*

Korektor
BOJANA STRUNJAŠ

*

Priprema teksta
Grafički studio RAD

*

Štampa
ZUHRA
Beograd, Vitanovačka 15

CIP – Каталогизација у публикацији
Народна библиотека Србије, Београд

820 (71) – 32

KALAHAN, Bari

   Crna kraljica i druge priče / Bari Kalahan ; [prevela
Jelena Stakić]. – Beograd : Rad, 1994 (Beograd : „Zuhra“).
– 145 str. ; 19 cm. – (Reč i misao ; knj. 442)

Prevod dela: The Black Queen Stories / Barry Callaghan. –
Str. 138–144: Kalahanov život u brzoj traci / Jelena Stakić.

820(71).09
a) Kalahan, Bari (1937 –)
ID=25823500

ISBN 86-09-00347-7

www.ingramcontent.com/pod-product-compliance
Lightning Source LLC
Chambersburg PA
CBHW070555180626
46817CB00005B/1851